Gracias

COLECCIÓN
ESPIRITUALIDAD
48

José Carlos Bermejo

Gracias

La gratitud del corazón

Centro de
Humanización
de la Salud

Mensajero

© Ediciones Mensajero, 2024
Grupo de Comunicación Loyola
Padre Lojendio, 2
48008 Bilbao – España
Tfno.: +34 944 470 358
info@gcloyola.com
gcloyola.com

Diseño de cubierta:
Laura García Carbajosa

Impreso en España. *Printed in Spain*
ISBN: 978-84-271-5009-6
Depósito legal: BI-1506-2024

Fotocomposición:
Rico Adrados, S. L. (Burgos) – www.ricoadrados.com

Impresión y encuadernación:
Gráficas Fernan – Bilbao (Vizcaya) / graficasfernan.com

Índice

Abriendo el libro

Es bueno dar gracias. Es propio de un corazón sano.

La Sagrada Escritura es generosa en invitaciones a dar gracias a Dios. En los Salmos encontramos la bondad de dar gracias en numerosas ocasiones.

«Quien me ofrece su gratitud me honra» (Salmo 50,23) El Salmo 107 es hermoso y recurrente en esta invitación: «Dad gracias al Señor, porque él es bueno; su gran amor perdura para siempre» (vv. 1-2). «¡Que den gracias al Señor por su gran amor, por sus maravillas en favor de los hombres!» (v. 8).

Una particular exhortación la presenta el Salmo 69, en el que se indica la importancia de la acción de gracias por encima de otras dinámicas, de tono expiatorio o sacrificial; una realidad tan oportuna también para nuestros tiempos en sentido pastoral. «Con cánticos alabaré el nombre de Dios; con acción de gracias lo exaltaré. Esa ofrenda agradará más al Señor que la de un toro o un novillo con sus cuernos y pezuñas» (Salmo 69,30-31).

También san Pablo, escribiendo a los filipenses, invita a dar gracias a Dios en toda ocasión: «Nada os preocupe. Antes bien, en vuestras oraciones y súplicas, con acción de gracias, presentad a Dios vuestras peticiones. Y la paz de Dios, que supera la inteligencia humana, custodie vuestros corazones y mentes por medio del Mesías Jesús» (Flp 4,6-7). Y a los colosenses: «Perseverad en la oración, velando en ella y dando gracias» (Col 4,2). A los tesalonicenses los invita también a dar gracias en toda ocasión: «Dad gracias por todo. Eso es lo que quiere Dios de vosotros como cristianos» (1 Tes 5,18).

Las páginas de este libro son precisamente eso: acción de gracias. Ciento cincuenta oraciones breves que nacen del reconocimiento de la belleza y la bondad de lo creado, del asombro del corazón agradecido y humilde (Dn 3,87; Mt 11,29).

Solo un corazón sano, como dice el salmista, entona acciones de gracias: «Mi corazón salta de alegría, y con cánticos le daré gracias» (Sal 28,7). Queremos que este corazón que agradece sea unánime (2 Cr 30,12), conmovido (2 Cr 32,31) y gozoso (Cant 3,11).

Nos dice el libro de Judit que «nunca llegaremos a sondear el fondo del corazón humano, ni captar todos los pensamientos de su inteligencia» (Jdt 8,14). Es un gusto sentir al corazón que susurra (Sal 19,15), que expresa sus deseos (Sal 21,3), que se funde como cera (Sal 24,4), se aquilata (Sal 26,2), confía (Sal 28,7), se mantiene firme (Sal 31,25; Job 11,13; Eclo 2,1), tiene sus secretos (Sal 44,22), vela mientras dormimos (Cant 5,2), tiene sus afanes (Job 17,11) y puede hacerse sabio (Prov 23,15).

El corazón de cada ser humano ha sido modelado por Dios mismo (Sal 33,15) y en él este se alegra y desde el corazón surgen las peticiones al Padre bueno (Sal 37,4), como también en él está la ley de su Dios (Sal 37,31). Del corazón brotan bellos temas que bullen y surgen como poemas que salen de plumas ágiles (Sal 45,2).

El corazón medita cordura (Sal 49,4), puede ser puro (Sal 51,12; 2 Tim 2,22; 1 Pe 1,22)

El corazón, como el mío en estas páginas, puede alzarse junto con nuestras manos a Dios (Lam 2,19), entonando himnos (Eclo 47,8), cantando (Ef 5,18; Sal 30,13), agradecido (Col 3,16): «Gracias de corazón, Señor, Dios mío» (Sal 86,12).

LA FIESTA

Padre bueno, gracias por la vida, y gracias por la fiesta.

Gracias por la fiesta que al celebrarla nos permite gozar de los misterios de la vida, poner en valor dinámicas y claves de fe, reforzar los vínculos familiares y comunitarios, sacar partido a la dimensión del asombro y el ocio.

Gracias por la fiesta que celebramos en actitud de reconocimiento de la belleza de la humanidad; gracias por la fiesta que intenta poner entre paréntesis la cotidianidad productiva y tensa, y abrir espacio a las relaciones familiares y comunitarias.a

Sabemos que hay personas que no pueden celebrar la fiesta, porque están enfermos, en duelo, tristes y quizás solos. Deseamos ser buenos compañeros compasivos que se hacen próximos servidores.

Gracias por la fiesta que celebramos.
Amén.
San Camilo, ruega por nosotros.

LOS PRADOS

Padre bueno, gracias por la vida, y gracias por los prados.

Gracias por los prados que contemplamos, que embellecen el mundo, que con su color nos inspiran serenidad y paz, que nos evocan la pacífica naturaleza de la que gozamos.

Queremos ser conscientes del debido cuidado que necesita nuestro entorno, nuestra casa común, sin el cual ponemos en riesgo el equilibrio para las generaciones futuras, de las que nos sentimos corresponsables.

Gracias, Padre bueno, por los prados que tenemos en las ciudades, en los pueblos, y gracias por los inmensos prados que contemplamos en los campos y en las montañas, que nos inspiran asombro y sorpresa, un reconocimiento de tu creación, de tu autoría, de tu presencia entre nosotros, mantenida y generosa, graciosa.

Gracias por los prados.
Amén.
San Camilo, ruega por nosotros.

LA INOCENCIA

Padre bueno, gracias por la vida, y gracias por la inocencia.

Gracias por la inocencia de los niños, por quienes no tienen culpa, por quienes son sencillos y transparentes. Gracias por quienes son crédulos con motivo, cándidos sin el riesgo de la ingenuidad, bondadosos en el pensar y en el obrar.

Gracias por los corazones inocentes, que conservan la pureza en las intenciones y en las conductas, que no cometen faltas ni daños a los demás, que se mantienen limpios de culpa porque son perseverantes en la búsqueda y práctica del bien.

Gracias por la inocencia como pulcritud, orden, pureza, que produce calma, paz, sosiego, en las personas y en sus relaciones. Gracias por los que creen todavía en las utopías y se empeñan en conservar la rectitud en sus conductas, a pesar de los desengaños.

Gracias por la inocencia.
Amén.
San Camilo, ruega por nosotros.

LAS RENUNCIAS

Padre bueno, gracias por la vida, y gracias por las renuncias.

Gracias por las personas que renuncian a algunos bienes, deseos, derechos… por los demás, sacrificándose para lograr bienes mayores en la atención a las personas necesitadas, de cerca o de lejos.

Gracias por los que renuncian con sentido, dando a la privación la posibilidad de apertura a nuevos valores que se encarnan de manera brillante, extraordinaria, mostrando su potencial humanizador en versiones elevadas.

Gracias por los que, al renunciar, no muestran el rechazo de lo bueno, sino que se adhieren a modos de vida ejemplares en altruismo, solidaridad, compasión, servicio a la comunidad.

Gracias por la dinámica de la renuncia en la vida cotidiana, que nos hace pensar en los demás, no solo en la satisfacción inmediata de los propios deseos.

Gracias por las renuncias.
Amén.
San Camilo, ruega por nosotros.

LA MIRADA ATRÁS

Padre bueno, gracias por la vida, y gracias por la mirada atrás.

Gracias porque podemos mirar atrás y contemplar nuestro pasado, y reconocerte presente en él, en las hazañas, en tu cercanía, en tu proximidad en todo momento, en tu accesibilidad.

Gracias por el pasado del que estamos orgullosos, que ha sido un regalo y una conquista, un don y una disposición a favorecerlo. Gracias por el pasado del que nos arrepentimos, que ha sido una oportunidad de elección y de aprendizaje, de perdón y de humildad.

Gracias por la mirada atrás que nos aumenta la conciencia del paso del tiempo, del valor de lo efímero, de la vida que pasa y que es una oportunidad única, irrepetible, para hacer el bien y disfrutarlo, para ser solidarios y salir ganando.

——◆——

Gracias por la mirada atrás.
Amén.
San Camilo, ruega por nosotros.

LA EVALUACIÓN

Padre bueno, gracias por la vida, y gracias por la evaluación.

Gracias porque podemos evaluar, analizar lo realizado, revisar, supervisar, levantar acta de lo pasado con indicadores y mirada analítica.

Gracias por la evaluación de nuestras actividades, de los objetivos logrados o no; gracias porque nos hicimos planes y los revisamos, y nos volvemos a estimular con nuevos programas planteándonos nuevos objetivos.

Gracias por el tiempo pasado, que agradecemos y revisamos con ganas de sinceridad humilde, con ganas de hacer memoria y de aprendizaje.

———————

Gracias por la evaluación.
Amén.
San Camilo, ruega por nosotros.

EL AÑO VIVIDO

Padre bueno, gracias por la vida, y gracias por el año vivido.

Gracias por el año que acaba, por el año que esperamos, por lo viejo y lo nuevo.

Gracias por los encuentros celebrativos en torno al fin de año, que quieren ser de alegría por estar vivos, de familiaridad con aquellos a quienes amamos y que nos aman.

Gracias por el año nuevo, que confiamos sea tiempo propicio, tiempo para construir un mundo más humano, tiempo de humanizar.

Gracias por el año nuevo, que nos proponemos vivir gozosamente, poniendo valores encarnados en nuestra vida y en nuestro alrededor.

Gracias por el año nuevo que nos regalas y que siempre es una incógnita, un tiempo abierto.

Gracias por el año vivido.
Amén.
San Camilo, ruega por nosotros.

EL AÑO NUEVO

Padre bueno, gracias por la vida, y gracias por el año nuevo.

Gracias, sí, gracias porque hemos llegado hasta aquí, hasta hoy, recibiendo todo lo que nos regalas en la vida, aprovechando la cotidianidad, regalando la vida que nos es regalada.

Gracias por el año que se nos presenta en un calendario a estrenar, que nos hace recoger el anterior y experimentar lo efímero de la vida, el paso inexorable del tiempo.

Al hacernos buenos propósitos para el nuevo año, al ver por delante un tiempo posible, nos comprometemos a vivirlo con conciencia de oportunidad, como tiempo propicio, como *kairós*, como tiempo único para aprovechar y humanizar.

Gracias por el año nuevo, que queremos llenar de humildes proyectos de paz y de reconstrucción, de renovación de aquello que no hace bien al mundo.

Gracias por el año nuevo.
Amén.
San Camilo, ruega por nosotros.

LAS PASIVIDADES

Padre bueno, gracias por la vida, y gracias por las pasividades.

Gracias por todas las pasividades vividas, por todo lo que no ha sido fruto de nuestra elección, porque nos ha sobrevenido y nos ha disminuido, o quizá ayudado a crecer. Gracias por lo que no hemos causado ni hemos podido evitar, pero ha acontecido en nosotros con apariencia de disminución.

Gracias por las pasividades internas, que nos desafían para mitigarlas, gestionarlas, neutralizarlas o transformarlas en oportunidades de crecimiento resiliente. Gracias por las pasividades del transcurso inexorable del tiempo, que nos hace encontrarnos con la vejez, con la enfermedad, con los límites del cuerpo de forma más visible. Gracias porque las pasividades vividas nos abren a la esperanza puesta en ti.

Gracias por las pasividades.
Amén.
San Camilo, ruega por nosotros.

NOS AGASAJAMOS CON REGALOS

Padre bueno, gracias por la vida, y gracias porque nos agasajamos con regalos.

Qué bien, Padre bueno, que, aprendiendo de tu gracia y generosidad, también nosotros la practiquemos incluso con símbolos que quieren mostrar agradecimiento a las personas. Hacemos regalos, los preparamos con gusto, estética, queriendo sorprender…

Queremos que los regalos tengan sentido, que tengan valores de proporcionalidad, de ponderación, de utilidad, y que sean expresión del afecto, no del consumismo.

Gracias porque, cultivando la gratuidad y la sorpresa en los regalos, hacemos honor al valor del cuidado relacional, de la amistad y la familiaridad, del compañerismo y de la bondad, por encima de los conflictos y problemas relacionales.

Gracias porque nos agasajamos con regalos.
Amén.
San Camilo, ruega por nosotros.

COMPARTIMOS EN FAMILIA

Padre bueno, gracias por la vida, y gracias porque compartimos en familia.

Gracias porque, con ocasión de las fiestas, podemos compartir más tiempo con nuestras familias, disfrutar de nuestros lugares de nacimiento, contactar con viejos amigos, estar más en familia.

Gracias porque nos damos cuenta de la pertenencia a una familia que es más grande que la de sangre; nos sentimos miembros de la familia de los que creemos en ti y acogemos que nos muevas solidariamente como parte de la familia cristiana, nicho de humanización.

Gracias porque nos comprometemos a formar una familia universal, mirándonos recíprocamente como hermanos, todos hermanos, necesitados unos de otros para vivir con sentido, para vivir dignamente. Todos, todos los seres humanos: una única familia.

Gracias por la familia humana.
Amén.
San Camilo, ruega por nosotros.

TE MANIFIESTAS A TODO EL MUNDO

Padre bueno, gracias por la vida, y gracias porque te manifiestas a todo el mundo.

Gracias porque el mundo entero recibe noticias de tu Hijo, Jesús. El mundo entero reconoce la bondad de tener a Jesús como referente, como salvador de lo que necesita ser redimido para humanizar.

Gracias por la compasión, el amor fraterno, la ternura que emana de seguir a Jesús. Gracias por la solidaridad, el cuidado humanizado, el perdón, la justicia, el compromiso por la paz. Gracias por el valor que le damos a la igual dignidad de todas las personas, el valor que reconocemos en la familia, la cultura del encuentro que nos desafía para construir un mundo respetuoso y hospitalario.

Gracias por todos los valores que emergen porque tú alcanzas todos los rincones de la tierra y, manifestándote, reconocemos en ti una fuente de humanización, un espacio de sentido, un motor de desarrollo humano.

Gracias porque te manifiestas a todo el mundo.
Amén.
San Camilo, ruega por nosotros.

TIEMPO COMPARTIDO
CON LOS NIÑOS

Padre bueno, gracias por la vida, y gracias por el tiempo compartido con los niños.

Gracias porque, al acercarnos a los niños, nos humanizamos, nos sentimos corresponsables de los frágiles, deseosos de generar un mundo mejor, alegre, afectuoso, solidario. Los niños nos interpelan con su ingenuidad, con el juego como modo de relacionarse, con su afán de disfrutar…

Queremos que los niños crezcan en espacios de confianza, seguridad, protección, mostrándoles que valen la pena las relaciones de ayuda, el apoyo recíproco, la mirada bondadosa y el cuidado mutuo.

Gracias porque, al pasar tiempo con los niños, al jugar con ellos, nos humanizamos, nos ablandamos, salimos de la dinámica de producción a la vida compartida, nos regalamos en nuestro ser y en nuestro tiempo de comunión.

Gracias por el tiempo compartido con los niños.
Amén.
San Camilo, ruega por nosotros.

LO SORPRENDENTE

Padre bueno, gracias por la vida, y gracias por lo sorprendente.

Gracias por lo que nos resulta admirable, extraordinario, particularmente llamativo e interesante, fascinante, prodigioso.

Gracias por lo que nos parece inaudito, mágico, sensacional, insólito. Gracias porque, al encontrarnos con lo que nos desconcierta y nos parece increíble, fenomenal, nos sentimos particularmente llamados a la contemplación y al reconocimiento de lo sorprendente.

Gracias porque podemos estar abiertos a la sorpresa, a la novedad, a la admiración de lo bueno, a su reconocimiento y a la interpelación humanizadora.

Gracias porque podemos sorprendernos unos a otros con actitudes nuevas, con cambios que son fruto de nuestra apertura a lo bueno, a lo inusual, a lo no rutinario, a lo que, aun cuando cueste, es fascinante y puede ayudar a humanizar.

Gracias por lo que sorprende.
Amén.
San Camilo, ruega por nosotros.

LA LUZ NUEVA

Padre bueno, gracias por la vida, y gracias por la luz nueva.

Cada mañana acogemos la luz nueva, de la que se viste la tierra, de la que se reviste el mundo entero y que, con su claridad, anuncia transparencia, identidad, vida activa, relaciones y movimientos a la vista.

Gracias por la luz nueva que nos regalas al amanecer, en cuya llegada confiamos ciegamente cada noche, fuente y razón de esperanza.

Gracias por lo diáfano, por lo limpio, por lo que se manifiesta expresamente, de manera honesta, sincera, franca, nítida.

Gracias por la verdad que logramos abiertamente, a la vista, con la claridad que da la luz y la honestidad.

Gracias por la luz nueva.
Amén.
San Camilo, ruega por nosotros.

LAS PALABRAS DE CONSUELO

Padre bueno, gracias por la vida, y gracias por las palabras de consuelo.

Gracias por las palabras que procuran alivio y aliento en el malestar porque nacen de la escucha comprensiva y empática.

Gracias por las palabras que transmiten comprensión porque son expresiones de bondad y conexión compasiva con quien se encuentra mal y busca un apoyo.

Gracias por todas las presencias que consuelan porque transmiten proximidad, fraternidad, amabilidad, sostén y esperanza.

Gracias por las palabras que invitan a sentir tu presencia en la naturaleza, en la relación, en el corazón de las relaciones positivas, en la atención cuidadosa de quien sufre.

Gracias por las humildes palabras de consuelo que refuerzan el ánimo del abatido, que mueven a la tenacidad al desanimado, que empujan a la superación al que necesita energía sostenida.

Gracias por las palabras de consuelo.
Amén.
San Camilo, ruega por nosotros.

LO QUE PASA

Padre bueno, gracias por la vida, y gracias por lo que pasa.

Gracias por todo aquello que pasa, que no permanece, que acontece y no se repite; por lo que sucede y se torna enseguida en pasado, en sucedido, en acontecido.

Así es nuestra vida, que pasa, que tiene valor también por eso, porque cada instante tiene un valor único, irrepetible, convirtiéndose en oportunidad con denso significado de irrepetibilidad.

Gracias, Padre bueno, por lo que hacemos que pase, por lo que provocamos nosotros con nuestra voluntad y nuestras conductas.

Gracias porque nos comprometemos para que pasen cosas buenas; nos sentimos responsables de lo que pasa con lo que pasa; protagonistas de definir lo que queremos que pase con lo que nos pasa.

———————

Gracias por lo que pasa.
Amén.
San Camilo, ruega por nosotros.

LO QUE NOS DESLUMBRA

Padre bueno, gracias por la vida, y gracias por lo que nos deslumbra.

Gracias por lo que llama la atención, cautiva, atrae, seduce, magnetiza, por su bondad y carácter asombroso e impresionante.

Gracias por lo que nos hechiza con su poder de dejarnos boquiabiertos, tocados por el asombro y el reconocimiento de su belleza y atractivo.

Gracias por lo extraordinario, lo llamativo, lo que se convierte en provocación para la admiración y el asombro, invitándonos a reconocerte a ti, Padre bueno.

Gracias por lo que nos deslumbra sin desorientarnos, sin cegarnos u obnubilarnos, sin ofuscarnos, sino permitiéndonos la contemplación y la admiración placentera y provocadora del bien.

Gracias porque estamos abiertos a que también la bondad del ser humano nos deslumbre y nos sorprenda con su potencial positivo.

Gracias por lo que nos deslumbra.
Amén.
San Camilo, ruega por nosotros.

LA JUSTA DISTANCIA

Padre bueno, gracias por la vida, y gracias por la justa distancia.

Gracias por la necesaria y oportuna separación y distancia en las relaciones interpersonales. Gracias por cuando logramos el equilibrio entre proximidad y distanciamiento, entre cercanía, contacto y desvinculación.

Gracias por las relaciones equilibradas, las que logramos en clave de proximidad, de compromiso, de empatía, pero sabiendo restablecer la separación oportuna para no quitar el oxígeno al otro, para no implicarnos en exceso, para no quemarnos en la relación, para no generar codependencia ni asfixiar.

Gracias por la justa distancia que humaniza, que ayuda eficazmente sin sustituir, sin abusar del poder ni de la libertad y responsabilidad del otro en el abordaje de sus decisiones y en la resolución de su responsabilidad.

Gracias por la justa distancia en las relaciones.
Amén.
San Camilo, ruega por nosotros.

LA ALEGRÍA QUE VALE LA PENA

Padre bueno, gracias por la vida, y gracias por la alegría que vale la pena.

Gracias por la alegría que comporta gozo y dicha, satisfacción y gusto, bienestar y contento, conciencia del bien y fervor por sostenerlo.

Gracias por la alegría que vale la pena, la que merece el compromiso para disfrutar de la felicidad que implica, del júbilo que desencadena, del agrado que la acompaña.

Gracias porque vale la pena, aunque con esfuerzo y contribución responsable, empeñarse por una vida con suficiente entusiasmo, con suficiente ventura y alborozo, del que compensa las caras oscuras que también tiene la vida.

Gracias porque el compromiso con una actitud gozosa no es signo de ligereza e insensatez, sino que expresa la responsabilidad para con lo que nos sucede.

Gracias por la alegría que vale la pena.
Amén.
San Camilo, ruega por nosotros.

EL OPTIMISMO

Padre bueno, gracias por la vida, y gracias por el optimismo.

Gracias por la propensión a ver las cosas por el lado favorable, con una disposición de espíritu positiva, sin ingenuidad, con compromiso.

Gracias por la mirada posibilista del optimismo, que protege la resiliencia, que se deja habitar por la esperanza comprometida y responsable.

Gracias por las personas que, al transmitir optimismo, ayudan a mirar en positivo y estimulan contra el abatimiento, contra la tristeza desmotivadora, contra la mirada oscurecedora y negativa.

Gracias por las personas optimistas que cultivan el sentido del humor, que identifican fácilmente las áreas de desarrollo, que promueven la acción contra el mal, que favorecen la seducción del bien y la esperanza.

Gracias por el optimismo.
Amén.
San Camilo, ruega por nosotros.

LAS VISITAS A LOS ENFERMOS

Padre bueno, gracias por la vida, y gracias por las visitas a los enfermos.

Gracias por la bondad de las visitas oportunas y respetuosas a los enfermos, las que se acomodan a los ritmos de cada uno, en actitud de escucha y acompañamiento empático.

Gracias por las visitas a los enfermos que no molestan, que no cargan de incomodidad por estar llenas de preguntas o consejos superficiales o moralizantes.

Gracias por las visitas que, con humildad y buena disposición, dan compañía en la soledad, infunden esperanza con la presencia que apoya, comparten actividades de interés, ofrecen paseo, juego, tertulia, según preferencias y estado anímico de cada enfermo.

Gracias por las visitas a los enfermos que son un regalo adecuado, coordinado, que parten de la formación adecuada y de la supervisión oportuna.

Gracias por las visitas a los enfermos.
Amén.
San Camilo, ruega por nosotros.

LA *CUIDADANÍA*

Padre bueno, gracias por la vida, y gracias por la *cuidadanía*.

Gracias por nuestra identidad de ciudadanos que pensamos en los cuidados, que acogemos el paradigma de la vulnerabilidad que interpela y necesita del cuidado recíproco para sobrevivir, para vivir con calidad, para afrontar la dependencia, discapacidad, soledad no deseada…

Gracias por quienes nos ayudan a reconocernos vulnerables y frágiles, interdependientes unos de otros, y nos despiertan la conciencia y la importancia del apoyo mutuo, humanizado, saliendo al paso de las necesidades de atención recíproca, compasiva y que mire a las personas multidimensionalmente.

Gracias por la cuidadanía *que humaniza.*
Amén.
San Camilo, ruega por nosotros.

LA CONECTIVIDAD

Padre bueno, gracias por la vida, y gracias por la conectividad.

Gracias por la capacidad que tenemos de conectarnos, de hacer conexiones y comunicarnos con el fin de intercambiar información, programación, haciendo accesibles a las personas, con dispositivos que nos permiten establecer redes y ponernos al alcance en la distancia.

Gracias porque, a través de las ondas, nos hablamos, nos leemos, nos vemos, podemos hacernos «presentes» en clave de relación e intercambio para trabajar, para cultivar el encuentro, para acceder a conocimientos, productos y servicios…

Gracias porque, en el mundo de la tecnología, convivimos con el desafío de conjugar los valores del respeto a las personas, a la privacidad, a la dignidad de cada individuo.

Gracias porque albergamos el deseo de que la tecnología solo contribuya a humanizarnos.

Gracias por la conectividad.
Amén.
San Camilo, ruega por nosotros.

LA ESPERANZA CRISTIANA

Padre bueno, gracias por la vida, y gracias por la esperanza cristiana.

Gracias por la confianza que nos regalas para depositarla en ti, en tu bondad y misericordia, en el poder del amor y de la paz.

Gracias porque, al apoyarnos en ti, sentimos que de ti procede toda bendición, todo bien, todo lo que nos humaniza.

Gracias porque nuestro anhelo de sentido, de vida, nos hace experimentar que en ti están nuestra fuente y nuestro horizonte, nuestro camino y la brújula para caminar como hermanos que se ayudan recíprocamente, hijos de un mismo Padre bueno.

Gracias por la esperanza que nos infundes a través del Espíritu, que nos atrae hacia la mansedumbre, la fidelidad, la bondad, la paciencia, la longanimidad, la paz y el amor mutuo.

Gracias por la esperanza cristiana.
Amén.
San Camilo, ruega por nosotros.

EL AGUA DE BEBER

Padre bueno, gracias por la vida, y gracias por el agua de beber.

Gracias por el agua limpia, purificada, que nos sacia la sed y con la que cocinamos.

Gracias porque hay agua para beber, y manantiales de los que cogerla.

Gracias por la sed, que nos habla de apertura, de búsqueda; también la sed del corazón, sed de sentido, sed de trascendencia, sed de relaciones hechas de vínculos significativos.

Gracias porque para cada necesidad nos regalas satisfactores que la colman y nos permite vivir hidratados, con humedad suficiente, con líquidos que mantienen el equilibrio en nuestro cuerpo y… en nuestro espíritu.

Deseamos que a nadie le falte el agua suficiente para beber, y que a nadie le falte la sed suficiente para salir de sí y buscar.

Gracias por el agua de beber
y por la sed de ti, Padre bueno.
Amén.
San Camilo, ruega por nosotros.

LAS VIÑETAS DE HUMOR

Padre bueno, gracias por la vida, y gracias por las viñetas de humor.

Gracias por las viñetas que transmiten miradas humorísticas a la realidad, que ponen graciosamente el dedo en la llaga de dinámicas humanas, realidades y desafíos, mostrándolos provocadoramente.

Gracias por las viñetas que arrancan una sonrisa en el que las ve, que provocan un «caer en la cuenta» paradójico o directo, de aspectos importantes de la realidad.

Gracias por los humoristas que son capaces de denunciar, desvelar, apuntar con tino, analizar con arte los acontecimientos y sucedidos.

Gracias por las viñetas de humor que evocan la salud en su dimensión más humana.

Gracias por las viñetas de humor.
Amén.
San Camilo, ruega por nosotros.

LOS QUE ME QUIEREN

Padre bueno, gracias por la vida, y gracias por los que me quieren.

Gracias por las personas para las que mi vida es significativa, las que me quieren con una normalidad que me puede pasar inadvertida, las que me cuidan o me cuidarán en la enfermedad, en la soledad, en la dependencia...

Gracias por las personas que me resultan familiares con naturalidad, con las que construyo cotidianidad y cuyo sentido e importancia en mi vida no reconozco suficientemente en ocasiones.

Gracias por las personas que conforman el universo humano de referencia próxima, de entendimiento mutuo, de ayuda recíproca, de convivencia. Deseo vivir agradecido también por las personas que no desean recibir el agradecimiento porque sienten que lo que hacen es normal y debido. Gracias por ellas.

Gracias por los que me quieren.
Amén.
San Camilo, ruega por nosotros.

LAS PERSONAS QUE ACOMPAÑAN EN LA AGONÍA

Padre bueno, gracias por la vida, y gracias por las personas que acompañan en la agonía.

Gracias por quienes saben estar junto al lecho de muerte, los que humildemente, ante el misterio de la vida que se acaba, tienen el coraje necesario para ofrecer la presencia oportuna, el gesto adecuado, las palabras que transmiten confianza y solidaridad, conexión y amor en el final de la vida.

Gracias por los profesionales de la salud, de la psicología; gracias por los trabajadores sociales, los rehabilitadores, los asistentes espirituales; gracias por los que son expertos en acompañar en la agonía con la capacidad de apoyar a las familias para que vivan sanamente la despedida, a cuidar adecuadamente a quien muere, a recoger el legado valórico del que fallece, a ritualizar y cerrar el ciclo vital compartido.

Gracias por los que acompañan a bien morir, a humanizar el morir, paliando todos los síntomas que generan malestar y sufrimiento evitable y sosteniendo compasivamente en el sufrimiento inevitable.

Gracias por los que acompañan en la agonía.
Amén.
San Camilo, ruega por nosotros.

LAS PALABRAS QUE BENDICEN

Padre bueno, gracias por la vida, y gracias por las palabras que bendicen.

Gracias por las personas que expresan buenas palabras, que desean a los demás que Dios los bendiga y los guarde, que haga resplandecer su rostro sobre ellos y les haga experimentar ternura, les muestre su rostro y les infunda la paz.

Gracias por quienes piden la bendición a otros, como expresión de buenos deseos, de buena disposición ante ellos, de apoyo en la tarea o viaje que se emprende. Gracias por los que piden bendiciones para la situación existencial que viven y quieren que esté bajo el paraguas del reconocimiento de la presencia del Buen Dios.

Gracias por quienes hacen de la bendición una experiencia saludable, de relación de apoyo y refuerzo, de solidaridad y ternura, de comunión constructiva de fraternidad universal.

Gracias por las palabras que bendicen.
Amén.
San Camilo, ruega por nosotros.

EL PENSAR AGRADECIDO

Padre bueno, gracias por la vida, y gracias por el pensar agradecido.

Gracias porque nos has hecho capaces de agradecer como modo de pensar, de recordar, de mirar. Del pensar y del mirar nace el agradecimiento que nos hace reflexivos y potencialmente mejores.

Gracias por hacernos capaces de ser humildes e indigentes, necesitados de los demás. Gracias porque podemos pensar y, así, agradecer sin quedarnos en la superficie, sino valorando lo que tenemos, para poder reconocerlo, disfrutarlo, potenciarlo.

———◆———

Gracias por la bondad de nuestro pensar agradecido.
Amén.
San Camilo, ruega por nosotros.

LAS PRUEBAS DE SALUD

Padre bueno, gracias por la vida, y gracias por las pruebas de salud.

Gracias por todas las pruebas que nos hacen para verificar nuestra salud, para prevenir, para diagnosticar, para poder encontrar tratamientos, medios paliativos, estrategias de recuperación y disminución del sufrimiento.

Gracias por toda la tecnología que, puesta al servicio de la salud humana, nos permite mejorar nuestra calidad de vida, alargar la vida, para disfrutar de la creación, de las relaciones, para construir un mundo humano, entrañable, lleno de ternura y compasión.

Gracias por las pruebas de salud.
Amén.
San Camilo, ruega por nosotros.

LAS PAREJAS FIELES

Padre bueno, gracias por la vida, y gracias por las parejas fieles.

Gracias por las parejas que se constituyen en unidad estable de amor y construyen sobre valores sólidos su relación, de manera que ambos miembros logran mantenerse juntos sin dañarse, ayudándose recíprocamente a ser más sí mismos.

Gracias por las parejas fieles, que encuentran en la comunicación, en el perdón, en el refuerzo mutuo, en la paciencia, en el abordaje sano de los conflictos, el camino para sostener la fidelidad y atravesar las dificultades.

Gracias por las parejas que se cuidan recíprocamente, cuya fidelidad se expresa en la atención a las necesidades en tiempo de enfermedad, dependencia, fragilidad.

Gracias por las parejas fieles.
Amén.
San Camilo, ruega por nosotros.

LAS COMUNIDADES RELIGIOSAS MAYORES

Padre bueno, gracias por la vida, y gracias por las comunidades religiosas mayores.

Gracias por las comunidades religiosas formadas por personas entradas en años que no han encontrado recambios vocacionales, jóvenes que se hayan comprometido por el carisma vivido en comunidad.

Gracias por las comunidades que viven el duelo por las pérdidas de los significados y roles que han tenido personal y comunitariamente. Gracias por su esfuerzo por seguir siendo testigos con el carisma con el que consagraron su vida.

Gracias por los religiosos y religiosas que logran sostenerse y cuidarse recíprocamente, dejando que buenos samaritanos los ayuden en el envejecimiento.

Gracias por las comunidades de mayores.
Amén.
San Camilo, ruega por nosotros.

LA PRUDENCIA DEL GOBERNANTE

Padre bueno, gracias por la vida, y gracias por la prudencia del gobernante.

Gracias por la prudencia lograda por las personas que ejercen funciones de gobierno. Gracias por la prudencia como virtud que dispone la razón práctica para poder discernir lo que es mejor, lo menos malo, en busca del verdadero bien común.

Gracias por la prudencia de los que gobiernan, que capitalizan la experiencia y enseñanzas extraídas del pasado y logran hacer de ellas brújula orientadora en la toma de decisiones difíciles.

Gracias por la prudencia virtuosa que permite discurrir sobre lo conveniente, lo juicioso, lo práctico, lo sensato, lo que da mejores resultados para el bien común, lo que es más justo y es fruto de la moderación.

Gracias por la prudencia como virtud del gobernante.
Amén.
San Camilo, ruega por nosotros.

LOS BUENOS AMIGOS

Padre bueno, gracias por la vida, y gracias por los buenos amigos.

Gracias por las personas que cultivan las relaciones de amistad sana, las personas que logran ser incondicionales, que se mantienen disponibles en las necesidades, que apoyan la confianza e inspiran seguridad.

Gracias por los amigos que son buenos porque cuidan la relación afectuosa, pura, desinteresada, que se fortalece en el encuentro, en el buen trato.

Gracias por los buenos amigos que lo son porque logran el consuelo con la presencia, con la escucha y la palabra, con el respeto y la cordialidad.

Gracias por la amistad auténtica, libre, desinteresada, que no busca el retorno equitativo, las rejas vueltas, sino la expresión cordial del gusto por la confianza.

Gracias por los buenos amigos.
Amén.
San Camilo, ruega por nosotros.

LA ÉTICA CORDIAL

Padre bueno, gracias por la vida, y gracias por la ética cordial.

Gracias por la atracción de los valores no solo como razonamiento, sino también como apasionamiento por el bien, sentimiento del corazón que busca compasivamente la bondad.

Gracias por el dictado virtuoso del corazón humilde, sano, que ve y discierne, que se compadece ante la vulnerabilidad y fragilidad de los demás y se compromete para construir relaciones positivas de ayuda.

Gracias por la búsqueda del bien que nace no solo de los argumentos racionales, sino también del corazón indignado ante el mal, solidario con el bien, buscador de la excelencia y la vida buena.

Gracias por la ética cordial.
Amén.
San Camilo, ruega por nosotros.

LOS QUE SABEN CEDER

Padre bueno, gracias por la vida, y gracias por los que saben ceder.

Gracias por las personas que aprenden, sin sumisión insana, a ceder en los conflictos, a abajar humildemente el tono de las discusiones, a buscar el bien personal sobre la lógica de la mera razón.

Gracias por quienes buscan el encuentro, en lugar de la tensión. Gracias por quienes construyen puentes, no muros; quienes dan autoridad al diálogo, no al poder del tono de la voz.

Gracias por quienes van de frente, quienes hablan claro, quienes no generan chapapote destructivo, tóxico, falto de honestidad y bondad.

Gracias por los que no dan de comer a la rivalidad, sino que promueven la cultura del encuentro y la fraternidad.

Gracias por los que saben ceder.
Amén.
San Camilo, ruega por nosotros.

LA SALUD SABOREADA

Padre bueno, gracias por la vida, y gracias por la salud saboreada.

Gracias por la salud vivida conscientemente, reconocedora de la armonía, de las posibilidades vitales de calidad relacional, de vida buena, impregnada de valores y espiritualidad sentida y cultivada.

Gracias por la salud compartida, hecha regalo para humanizar, cuidada con respeto de la dignidad humana, apreciada como don y tarea.

Gracias por la salud en los pensamientos, en los sentimientos, en las relaciones, en los valores, en el cultivo del sentido y del horizonte proyectual.

Gracias por la salud en el modo de vivir los límites, la enfermedad, el morir y el duelo.

Gracias por la salud saboreada.
Amén.
San Camilo, ruega por nosotros.

LAS CELEBRACIONES LITÚRGICAS

Padre bueno, gracias por la vida, y gracias por las celebraciones litúrgicas.

Gracias por los encuentros comunitarios orantes, los ritos religiosos de celebración, las posibilidades de cultivo de nuestra dimensión espiritual y religiosa.

Gracias por las celebraciones presididas por servidores de las asambleas, por personas que cuidan su dimensión espiritual, por hombres y mujeres que aman la profundidad de tu Palabra y la oran y la comentan, y la preparan.

Gracias por quienes cuidan con esmero los lugares de celebración, con limpieza, flores, iluminación, ropas, aromas, mobiliario, símbolos que evocan tu presencia y nos permiten cultivar la interioridad y la comunidad.

Gracias por hacerte presente en el silencio, en la palabra, en el gesto, en el arte, en el encuentro, en la soledad.

Gracias por las asambleas litúrgicas.
Amén.
San Camilo, ruega por nosotros.

PODEMOS PENSAR CON EL CORAZÓN

Padre bueno, gracias por la vida, y gracias porque podemos pensar con el corazón.

Gracias porque conceptualizamos en la vida, pero también porque nos dejamos interpelar por las entrañas, que nos hablan, que nos dan razones para decidir.

Queremos ir donde el corazón nos lleve, donde dicte el recto discernir impregnado de deliberación cordial, de pasión por el bien y la justicia, de compasión genuina y bondad del corazón pensante y recto.

Gracias porque podemos escuchar al corazón que ve, al corazón que no solo siente, sino que también vibra con uno mismo, con los demás, con el mundo.

Gracias porque nos invitas a formar debidamente el corazón, sincronizando el pensar con el sentir y el actuar.

Gracias porque pensamos con el corazón.
Amén.
San Camilo, ruega por nosotros.

LOS AUXILIARES DE ENFERMERÍA

Padre bueno, gracias por la vida, y gracias por los auxiliares de enfermería.

Gracias por las magníficas personas que, profesionalmente, cuidan a los enfermos, a los ancianos, en distintos servicios, a menudo con ternura de madre y profesionalidad.

Gracias por los auxiliares, que en muchas ocasiones pasan desapercibidos entre la multiplicidad de profesionales que se dan cita en el mundo de la salud.

Gracias por el esmero que ponen como cuidadores del cuerpo frágil y débil, enfermo y con discapacidades, cuidando en las necesidades básicas y atendiendo con diligencia a las personas que viven el malestar.

Gracias por la ternura y la profesionalidad
de los auxiliares de enfermería.
Amén.
San Camilo, ruega por nosotros.

LOS BRINDIS

Padre bueno, gracias por la vida, y gracias por los brindis.

Gracias por las expresiones alegres de fiesta que usamos manifestando buenos deseos, agradecimientos, felicitaciones.

Gracias por las palabras graciosas y sentidas que salen de los comensales que brindan, que quieren construir buenas relaciones festivas en torno a acontecimientos o personas.

Queremos brindar por ti, Padre bueno, por tu bondad y ternura para con nosotros, expresando nuestro deseo de que estés siempre con nosotros y te constituyas en motor para humanizar, para construir un mundo amable y entrañable, justo y compasivo.

———◆———

Gracias porque brindamos,
gracias porque brindamos por ti.
Amén.
San Camilo, ruega por nosotros.

LA LUZ QUE ACLARA

Padre bueno, gracias por la vida, y gracias por la luz que aclara.

Gracias por la luz que permite poner transparencia en las cosas, que permite ver claro lo que estaba en la oscuridad.

Gracias por la luz que desentraña los problemas, las dinámicas oscuras, perversas, las deshumanizadoras.

Gracias por la luz que ponemos con las palabras, con las argumentaciones, con los documentos, con el resultado de las investigaciones, con los libros.

Gracias por la luz que nos sirve en las relaciones interpersonales y en nuestra mente, para ver las cosas claras.

Gracias por la luz que aclara.
Amén.
San Camilo, ruega por nosotros.

LOS ALMUERZOS

Padre bueno, gracias por la vida, y gracias por los almuerzos.

Gracias por los almuerzos festivos que nos ayudan a vivir en clave de fiesta y de alegría.

Gracias por los almuerzos preparados con esmero, con gusto y estética, con belleza para los sentidos, con salud en la mente y en el corazón, esperando que los comensales disfruten y aporten el ingrediente de las buenas conversaciones oportunas y constructivas.

Gracias por los almuerzos que nos marcan los ritmos semanales, mensuales o anuales, porque son tradicionales para nosotros, porque ponemos en ellos significados celebrativos, memoriales, o también de sana rutina.

Gracias por los almuerzos de fiesta y los comensales.
Amén.
San Camilo, ruega por nosotros.

LOS ARTÍCULOS

Padre bueno, gracias por la vida, y gracias por los artículos.

Gracias por los artículos científicos y de difusión que escriben los expertos en las revistas de papel o digitales.

Gracias por los investigadores que generan resultados de aprendizaje, que los comparten con mecanismos sanos y limpios, socializando el conocimiento que contribuye al saber humanizador.

Gracias por los artículos que generan cultura, que inician el abordaje de temas nuevos, que abren la sensibilidad para profundizar temáticas de diferentes modos.

Gracias por los artículos que generan opinión, que incitan a la reflexión, a superar las compulsiones sin conocimiento.

Gracias por los artículos publicados.
Amén.
San Camilo, ruega por nosotros.

LOS CANTOS

Padre bueno, gracias por la vida, y gracias por los cantos.

Gracias por las expresiones individuales y corales de sentimientos y creencias, que nos permiten expresar con voz aspectos de nuestra vida.

Nos unimos en grupo para cantar en las celebraciones de la alegría y del dolor, de la memoria y de la esperanza. Repetimos estrofas que nos dan identidad cultural, sentido de pertenencia, espíritu comunitario y celebrativo.

Gracias por los cantos alegres, por los cantos populares, los cantos regionales, los cantos fúnebres, los cantos gregorianos, los cantos…

Gracias por los grupos que unen sus voces formal e informalmente, organizada o espontáneamente, de modo que, en la unión y la formación de coro, expresan la dimensión comunitaria en el sentir: en el gozar y en el sufrir.

———————

Gracias por los cantos.
Amén.
San Camilo, ruega por nosotros.

LA BELLEZA DE LAS PERSONAS

Padre bueno, gracias por la vida, y gracias por la belleza de las personas.

Gracias porque las personas que se muestran armónicas, cuidadas, respetuosas, dignas, sabiendo diferenciar lugares y momentos, nos resultan bellas.

Gracias por las personas elegantes, que saben elegir, que disciernen lo que pone en valor sus rasgos graciosos, sus formas amables, atractivas, bellas.

Gracias por las personas cuya belleza atraviesa la edad, la discapacidad, la enfermedad, logrando identificar en ellas un atractivo humano del ser, de las actitudes, del dejarse querer y cuidar ejemplarmente, humildemente.

Gracias por la belleza de los comportamientos, de las maneras, del cuidado de nuestro alrededor por el engalanamiento del arte, de la limpieza, del orden.

Gracias por la belleza de las personas.
Amén.
San Camilo, ruega por nosotros.

LAS CARCAJADAS

Padre bueno, gracias por la vida, y gracias por las carcajadas.

Gracias por las risas impetuosas que nos hacen disfrutar, que nos sacan el buen humor y la reacción gozosa ante la sorpresa, ante los juegos de palabras, ante los sucedidos inesperados graciosos.

Gracias por las personas que nos alegran la vida con abundancia de reacciones alegres, libres, que, de forma sonora irrumpen en las relaciones o en la soledad, generando un bienestar sano y saludable.

Gracias por la risa estrepitosa, prolongada, que siembra el ambiente de buen humor y disfrute personal y relacional sin humillar a nadie.

———◆———

Gracias por las carcajadas saludables.
Amén.
San Camilo, ruega por nosotros.

LAS GAFAS

Padre bueno, gracias por la vida, y gracias por las gafas.

Gracias por las gafas que tantas personas utilizamos y nos permiten ver mejor, ver ajustadamente, ver con claridad, ver a lo lejos y a lo cerca, leer y defendernos resueltamente en las actividades normales de la vida diaria.

Gracias por las gafas que nos ajustan a la realidad, las que nos protegen del sol radiante y nos acomodan la vista con mucha luz.

Gracias por las gafas bien graduadas, que personalizan nuestra necesidad, nuestros ojos limitados.

Deseamos mirar bien, ver con los ojos del corazón, con los anteojos saludables de la misericordia y la compasión.

Gracias por las gafas.
Amén.
San Camilo, ruega por nosotros.

EL AGUA DE LA NIEVE

Padre bueno, gracias por la vida, y gracias por el agua de la nieve.

Gracias por el agua que utilizamos en nuestras casas, esa agua que proviene de la nieve de las montañas, que embellece y que se conserva para los momentos de necesidad.

Gracias por las montañas nevadas que suscitan nuestro asombro, que nos sobrepasan por su majestuosidad, que nos desafían para ser vistas, atravesadas, exploradas.

Gracias por la nieve, que puede evocarnos la pureza, el brillo, la esperanza.

Gracias por los copos de nieve, que nos provocan admiración con su diferencia entre uno y otro, que nos provocan atractivo en su forma de caer y de vestir de blanco toda superficie.

Gracias por la nieve
y por el agua que nos proporciona.
Amén.
San Camilo, ruega por nosotros.

EL BIEN DORMIR

Padre bueno, gracias por la vida, y gracias por el bien dormir.

Gracias por todos los días que logramos dormir recuperando energía, liberándonos de los problemas en nuestra cabeza, desconectando de lo que nos preocupa, restableciendo nuestro equilibrio para seguir viviendo con posibilidades de encuentros significativos.

Gracias por el dormir suficiente, relajado, el dormir restaurador, el dormir conciliado con facilidad, el dormir confiado, vivido en el abandono y satisfacción del cuerpo y la mente.

Gracias por el dormir que nos desestresa, que nos dispone de nuevo a la relación, que nos permite después la vigilia y el estado de alerta, el optimismo y la buena relación con los demás.

Gracias por el buen dormir que se produce en actitud de agradecimiento por la vida y en esperanza de un nuevo día, de un nuevo amanecer.

Gracias por el bien dormir.
Amén.
San Camilo, ruega por nosotros.

EL SOL DE INVIERNO

Padre bueno, gracias por la vida, y gracias por el sol de invierno.

Gracias por los rayos de luz que nos acarician suavemente en el invierno, que nos regalan el disfrute de la luminosidad, la mejora de la temperatura, la alegría del día corto.

Gracias por el sol suave que nos habla de caricia, de la bondad de lo que dura poco, de la belleza de la luz que se nos regala, del deseo de claridad y transparencia en nuestras vidas.

Gracias por el sol que levanta la niebla, el sol que se muestra tímidamente, oportunamente, sin quemar alrededor.

Gracias por el sol que agradecemos, la luz que buscamos, el temple que nos sostiene y hace moderados, equilibrados.

Gracias por el sol de invierno.
Amén.
San Camilo, ruega por nosotros.

PODEMOS ALABAR

Padre bueno, gracias por la vida, y gracias porque podemos alabar.

Podemos expresar nuestra admiración ante las personas, en público y en privado, mostrando nuestra mirada positiva, que reconoce y pone de relieve las cualidades y méritos, las bellezas humanas dignas que nos provocan asombro.

Gracias porque podemos alabarte al sentirte creador y sostenedor de todo lo bello que vemos en el mundo. Lo queremos enaltecer, celebrar, ensalzar para disfrutarlo más aún al mostrar nuestra ponderación positiva.

Gracias porque podemos brindarte nuestra reverencia y comprometernos en tu servicio, mostrando nuestro amor por la humanidad buena y bella.

Queremos respetar y promover el mundo y a las personas por cuya creación y salud te reconocemos.

Gracias porque podemos alabar.
Amén.
San Camilo, ruega por nosotros.

LAS NARRACIONES

Padre bueno, gracias por la vida, y gracias por las narraciones.

Gracias por las presentaciones verbales o escritas que relatan las experiencias humanas, provocando el desafío de la comprensión empática.

Gracias por las narraciones que son historias en las que el narrador nos revela su realidad, su imaginación, su mundo, que nos permite alcanzar por la descripción de las palabras, por la inspiración de sentimientos, por la conexión con claves de valor.

Deseamos ser narradores y oyentes de historias de vida con sentido, con compañía que apoye, que constituya referencia vincular solidaria.

Gracias porque podemos mostrar interés por las narraciones de deshumanización que, al indignarnos, nos mueven a compasión y nos llaman a humanizar con nuestra efectiva aportación.

Gracias por las narraciones.
Amén.
San Camilo, ruega por nosotros.

EL VINO VIEJO

Padre bueno, gracias por la vida, y gracias por el vino viejo.

Gracias por el vino bueno, el vino viejo, el gran vino conservado y envejecido con solera, en la oscuridad, en el silencio.

Gracias por el vino bueno como símbolo de nobleza del encuentro, de celebración especial, de dignificación de la fiesta compartida.

Gracias por las personas que, en torno al vino viejo, construyen relatos y vibran alrededor a la escucha y la palabra, en equilibrio de libertad lograda y de confianza construida.

Gracias por el vino, que, en su medida prudente, nos une y congrega para degustar, disfrutar, compartir el fruto de la crianza que permite desarrollar las características bellas del color, olor y sabor logrados para el gozo.

Gracias por el vino viejo.
Amén.
San Camilo, ruega por nosotros.

LA MEDITACIÓN

Padre bueno, gracias por la vida, y gracias por la meditación.

Gracias por el ejercicio humilde de cultivo de la serenidad, del silencio, del encuentro en calma y paz interior con uno mismo, en apertura a la trascendencia, y a ti, Padre bueno.

Gracias por la posibilidad de parar el ritmo frenético, de ocupación, de estrés, de distracción o dispersión, y buscar la comprensión de las fuerzas internas, la apertura a lo sagrado, al bienestar producido por la conexión entre cuerpo, mente y corazón.

Gracias por la calma, la paz y el equilibrio que pueden acariciarse en la meditación. Gracias por la relajación y el descanso que nos abren al presente, a la tolerancia, a las connotaciones emocionales y espirituales de nuestra condición humana.

Gracias por la meditación.
Amén.
San Camilo, ruega por nosotros.

EL RECUERDO TERAPÉUTICO

Padre bueno, gracias por la vida, y gracias por el recuerdo terapéutico.

Gracias por los que, al recordar en diálogos de relación de ayuda, revisan y re-visitan el pasado en busca de la comprensión del presente, encontrando traumas, heridas, dinámicas destructivas, pero también identificando el tesón, la esperanza, la resistencia, para atravesarlo.

Gracias por la revisión del pasado que se convierte en fuente de esperanza para el futuro, en capacidad de captar en las crisis de la vida, elementos de desarrollo y nuevas oportunidades para cultivar una nueva visión de la propia vida.

Gracias por quienes ayudan a recordar para mirar con esperanza y reforzar las dinámicas de recuperación a través del valor terapéutico de la revisión del pasado.

Gracias por el recuerdo terapéutico.
Amén.
San Camilo, ruega por nosotros.

LA LAMENTACIÓN SALUDABLE

Padre bueno, gracias por la vida, y gracias por la lamentación saludable.

Gracias porque podemos quejarnos, expresar nuestra indignación, nombrar nuestras contrariedades, referir nuestros valores y nuestro asombro ante su transgresión.

Gracias porque podemos quejarnos cuando nos sentimos mal, expresar nuestro dolor, buscar quien lo escuche y lo comprenda.

Gracias porque, al lamentarnos, además de liberarnos y mostrar nuestro rechazo, nos comprometemos en clave de esperanza, para hacer real el bien que anhelamos, para protagonizar cambios en los que participamos con nuestros valores, con nuestras conductas, con nuestra aportación esperanzada.

Gracias por la lamentación saludable.
Amén.
San Camilo, ruega por nosotros.

EL DOMINGO

Padre bueno, gracias por la vida, y gracias por el domingo.

Gracias por el domingo como día del cuidado. Gracias por el domingo en que descansamos más y mejor, el domingo en el que cuidamos la relación con nosotros mismos —nuestro cuerpo—, con los demás —la familia, los amigos— y contigo, Padre bueno.

Gracias por el domingo como día de considerar el valor de lo inútil, de lo improductivo, del ritmo lento, de la ternura para con la casa, la familia, el campo, la comunidad creyente.

Gracias por el domingo en el que admiramos, disfrutamos, damos espacio al arte en sus diferentes expresiones.

Gracias por el domingo.
Amén.
San Camilo, ruega por nosotros.

LOS PADRES DE LA IGLESIA

Padre bueno, gracias por la vida, y gracias por los Padres de la Iglesia.

Gracias por los Santos Padres, los cristianos de los primeros siglos que, con sus enseñanzas, tuvieron gran peso en el desarrollo del pensamiento cristiano, en la interpretación de la Sagrada Escritura, en la incorporación de tradición y consolidación de la liturgia.

Gracias por estos continuadores inmediatos de los apóstoles que, en el cristianismo, son referencia de planteamientos de fe.

Gracias por san Clemente, Ignacio, Papías, Policarpo, san Justino, Ireneo, Hipólito, Novaciano, Tertuliano, Panteno, Cipriano, Clemente, Luciano. Gracias por san Atanasio, Basilio, Gregorio Nacianceno, Juan Crisóstomo, Ambrosio, Jerónimo, Agustín, Gregorio Magno… Gracias por todos los que en nuestra historia han contribuido de manera particularmente significativa a la consolidación de la fe que humaniza.

Gracias por los Santos Padres.
Amén.
San Camilo, ruega por nosotros.

LA ARMONÍA

Padre bueno, gracias por la vida, y gracias por la armonía.

Gracias por todo aquello que logra una combinación acorde, por todo aquello que se entrelaza equilibradamente, proporcionadamente, como parte de un todo que logra belleza.

Gracias por el equilibrio humano manifestado en el buen funcionamiento de los pensamientos, acciones y sentimientos, buena orientación de los valores, buena realización de las virtudes, que nos permiten disfrutar y apreciar la vida.

Gracias por las conexiones y relaciones entre las partes que forman un todo coherente y equilibrado, donde hay orden y belleza. Gracias por la armonía mundial, que se traduce en convivencia respetuosa, en paz, en igualdad, en generosidad y compromiso por superar las diferencias y lograr el respeto recíproco.

Gracias por la armonía.
Amén.
San Camilo, ruega por nosotros.

LOS DIÁCONOS

Padre bueno, gracias por la vida, y gracias por los diáconos.

Gracias por los servidores de la Iglesia que extienden el discipulado prestando servicios de cuidado a los enfermos, de celebración de ceremonias, de enseñanza y predicación, de acompañamiento pastoral y de algunos sacramentos.

Gracias por los diáconos permanentes, célibes o casados, personas profundamente espirituales y prudentes, preparadas en el estudio de la Escritura, la liturgia, la historia, la moral…, que evocan la dimensión sociocaritativa de la Iglesia y la realizan con elegancia y, a menudo, compaginándola con su vida profesional.

Gracias por los diáconos que nos muestran la variedad y riqueza de los ministerios y nos permiten apreciar la pluralidad de las formas de vida cristiana y de servicio eclesial.

———◆———

Gracias por los diáconos.
Amén.
San Camilo, ruega por nosotros.

LOS SUEÑOS

Padre bueno, gracias por la vida, y gracias por los sueños.

Gracias por los sueños como proyectos, como ideales anhelados, como deseos del corazón, que habitan en el ser humano y que dan luz a la creatividad, a la novedad, a la capacidad proyectual de las personas.

Gracias por los sueños como proyectos vistos antes con la imaginación y el deseo, la pasión y el ideal, que como realidad. Gracias por los sueños que se comparten, los que son acogidos como fuente de transformación de la realidad, como potencial humanizador.

Gracias por los sueños de las personas esperanzadas que creen en un mundo mejor, más bello, más servicial, más pacífico, más humano… y los transforman en realidades que hacen bien a la sociedad, a la ciencia, a la comunidad.

Gracias por los sueños y los soñadores.
Amén.
San Camilo, ruega por nosotros.

EL BUEN CARÁCTER

Padre bueno, gracias por la vida, y gracias por el buen carácter.

Gracias por la propensión a la reacción positiva, por el carácter amable, afable, el que produce respuestas pacíficas y moduladas ante situaciones difíciles, adversas…

Gracias por el comportamiento de las personas que son correctas, independientemente y por encima de las circunstancias.

Gracias por el buen carácter que motiva a hacer el bien, también cuando no hay espectadores, cuando no buscamos la aprobación.

Gracias por las conductas éticas nobles, positivas, constructivas, que se encarnan en buenas reacciones ante los demás, en el diálogo, en los conflictos, en los desencuentros.

Gracias por el buen carácter.
Amén.
San Camilo, ruega por nosotros.

LAS LÁGRIMAS SOLIDARIAS

Padre bueno, gracias por la vida, y gracias por las lágrimas solidarias.

Gracias por la reacción de nuestros ojos para limpiarlos, pero también por la reacción por identificación, por empatía y por la reacción ante lo que nos asusta y nos causa miedo y rabia, enfado e indignación.

Gracias por las lágrimas solidarias, con las que vibramos ante el sufrimiento ajeno y, en nuestra blandura y vulnerabilidad, nos provocan humildad y compasión, proximidad y cercanía emocional.

Gracias por las lágrimas de emoción, las que nos muestran sensibles ante lo bueno, bello, noble, blando, humanizador.

Gracias por las lágrimas con las que liberamos nuestro dolor y acogemos el consuelo de los demás, humildemente, mediante las palabras, gestos, contacto…

Gracias por las lágrimas solidarias.
Amén.
San Camilo, ruega por nosotros.

LOS MOSAICOS

Padre bueno, gracias por la vida, y gracias por los mosaicos.

Gracias por los diseños hechos de pequeños trozos de materiales que nos permiten decorar suelos, paredes, techos, objetos, y formar imágenes que evocamos como algo digno de ponerse en valor.

Gracias por los mosaicos que conforman bellas imágenes gracias al aporte singular de cada trozo, conformando un valor cuando están juntos, dando como resultado la belleza del conjunto, visto con perspectiva.

Gracias por las realidades, los grupos humanos, que son como mosaicos de variedad, de culturas, de perfiles distintos, pero que pueden recibir mayor belleza y significado justamente por la relación y conformación grupal.

Gracias por las teselas distintas que, por su diferencia, conforman una belleza en su situarse relacional.

———

Gracias por los mosaicos.
Amén.
San Camilo, ruega por nosotros.

LOS PSICOTERAPEUTAS

Padre bueno, gracias por la vida, y gracias por los psicoterapeutas.

Gracias por todas las personas que se dedican a la relación de ayuda profesional, al acompañamiento psicológico, acompañando en el sufrimiento, en el abordaje de problemas.

Gracias por quienes tienen habilidad para la escucha y la palabra, quienes logran ayudar a identificar las causas y dinámicas del sufrir y se hacen expertos en estimular los recursos internos, las estrategias disponibles para enfrentar las adversidades.

Gracias por quienes logran motivar con la palabra para salir de los espacios de sufrimiento y de los problemas que pueden ser afrontados o vividos saludablemente.

Gracias por los psicoterapeutas.
Amén.
San Camilo, ruega por nosotros.

LAS MEZCLAS

Padre bueno, gracias por la vida, y gracias por las mezclas.

Sí, gracias por los que saben hacer mezclas de diferentes elementos, para lograr reacciones y resultados buenos, saludables, productivos, armónicos.

Gracias por los que saben mezclar la harina con el agua, con la levadura, y hacen así rico pan que alimenta y se comparte.

Gracias por las mezclas buenas, las que logran las medidas adecuadas, las que buscan resultados positivos, las que potencian las facultades de cada uno de los elementos.

Gracias por las mezclas que hacemos para crear, para producir, para lograr efectos extraordinarios, añadiendo nuevas posibilidades para humanizar el mundo y hacerlo más amable, con mayor bienestar.

Gracias por las mezclas.
Amén.
San Camilo, ruega por nosotros.

LA SOLEDAD ORANTE

Padre bueno, gracias por la vida, y gracias por la soledad orante.

Gracias por el logro de la soledad que nos conecta contigo. Gracias por esos días en que la ausencia de otras personas, los tiempos de soledad, nos llevan a dirigirnos a ti desde nuestra interioridad, tomando más conciencia de nuestra indigencia, de nuestra apertura a la trascendencia.

Gracias por la soledad que, sin preocupación por apariencias ni por el qué dirán, logramos vivir en clave de cultivo de nuestro ser, de construcción de nuestra identidad, de desarrollo personal mediante el cuidado de la lectura, del diálogo interno, de la alabanza, de la acción de gracias, de la petición…

Gracias por la soledad en la que logramos cuidar nuestros pensamientos, sentimientos y diálogos íntimos.

Gracias por la soledad orante.
Amén.
San Camilo, ruega por nosotros.

HORNEAMOS

Padre bueno, gracias por la vida, y gracias porque horneamos.

Horneamos, sí, metemos en el horno alimentos, colocados sobre bandejas o cazuelas, para cocinar con la temperatura elevada y sacarlos sabrosos, olorosos, apetitosos.

Necesitamos hornear en nuestra vida los elementos que nos dan sentido, los valores, los horizontes que nos proponemos, las relaciones: someterlas al calor que les permite humanizarlos para compartirlos, para sacar su sabor potencial.

Gracias por las relaciones cálidas, las que cuidamos con ternura e ingredientes de paciencia, de tiempo lento, de aderezo suficiente para que el encuentro sea sabroso, no rutinario, no vacío ni frío.

Gracias porque podemos cultivar
relaciones con calor humano de hogar.
Amén.
San Camilo, ruega por nosotros.

AFRONTAMOS LA TRISTEZA

Padre bueno, gracias por la vida, y gracias porque afrontamos la tristeza.

Gracias porque, en la tristeza, también tenemos la posibilidad de agarrarnos a los demás, a ti, buscando la esperanza. Gracias porque la tristeza nos hace reflexivos, atentos a lo más hondo de nuestra vida, dispuestos a aceptar el límite, conscientes de nuestra radical soledad y responsabilidad ante nosotros mismos.

Gracias porque hay personas dispuestas a escuchar al triste, a dar espacio a su narrativa, a invitarlo a mirar en colores y no solo ver los nubarrones negros.

Gracias porque podemos ser fecundos también en la tristeza reflexiva. Podemos ser humildes en la tristeza que nos recoge. Podemos ser fieles y tenaces también en la tristeza que parece desanimarnos.

Gracias por la tristeza en la que también
podemos construir un mundo bueno.
Amén.
San Camilo, ruega por nosotros.

LOS PLANES
DE RECURSOS HUMANOS

Padre bueno, gracias por la vida, y gracias por los planes de recursos humanos.

Gracias por las personas que tienen a su cargo la selección, formación, motivación, supervisión, de otras personas en las organizaciones y empresas.

Gracias por los responsables de recursos humanos que buscan cómo personalizar el acompañamiento, cómo seleccionar con honestidad, cómo ser justos en el respeto de los derechos de unos y otros.

Gracias porque, con frecuencia, quienes gestionan recursos humanos tienen que afrontar conflictos y debilidades, intereses encontrados y desafíos en el desempeño profesional.

Gracias por los que humanizan mediante la animación
de las personas en las empresas.
Amén.
San Camilo, ruega por nosotros.

LAS CALLES LIMPIAS

Padre bueno, gracias por la vida, y gracias por las calles limpias.

Gracias por las personas que limpian nuestras ciudades y los pueblos; que, con frecuencia, por la noche, devuelven el orden y la limpieza a nuestras calles para una vida sana, a gusto, civilizada.

Gracias por todas las personas que contribuyen a que las calles estén limpias, barriendo sus puertas, recogiendo sus basuras, evitando ensuciar, cuidando el mobiliario urbano, utilizando los medios disponibles para gestionar bien los residuos.

Gracias por las calles limpias de nuestro corazón, los itinerarios transparentes y saludables de nuestras relaciones, la evitación de residuos de rencor de nuestros encuentros.

Gracias por las calles limpias entre culturas, entre distintas escalas de valores, distintas orientaciones…

Gracias por las calles limpias.
Amén.
San Camilo, ruega por nosotros.

EL CANTO GREGORIANO

Padre bueno, gracias por la vida, y gracias por el canto gregoriano.

Gracias por el canto litúrgico atribuido a Gregorio Magno, evolución del canto romano y el galicano, que, con la armonía tan especial de texto y melodía, nos ayuda a sintonizar en clave oracional y de recogimiento.

Gracias por el canto gregoriano que entonan monjes y monjas de vida contemplativa especialmente, y que nos permite apreciar la sabiduría de los Salmos, la belleza de la eucaristía, la oración comunitaria.

Gracias por los que cantan y provocan deseo de encuentro comunitario y contigo, Padre bueno, posibilitándonos cultivar la vida interior que se hace conducta buena que humaniza y nos hace vivir gozosamente.

Gracias por el canto gregoriano.
Amén.
San Camilo, ruega por nosotros.

LOS BRAZOS QUE ABRAZAN

Padre bueno, gracias por la vida, y gracias por los brazos que abrazan.

Gracias por los brazos que nos abren al mundo activo, al trabajo, a la producción, al cuidado, a la realización de tareas útiles.

Pero gracias también por los brazos que nos abren a los demás, al encuentro fraterno, paternal, maternal, filial, amoroso… Gracias por los abrazos que nos permiten abrirnos y abrazarnos, acogernos y respetarnos, considerarnos y bendecirnos pacíficamente.

Gracias por los abrazos solidarios, con los que nos expresamos compasivos en el sufrir, compañeros de camino en el gozar, referentes de apoyo en la esperanza.

Gracias por los abrazos que humanizan.
Amén.
San Camilo, ruega por nosotros.

LA TERNURA NO TERGIVERSADA

Padre bueno, gracias por la vida, y gracias por la ternura no tergiversada.

Gracias por la ternura genuina, la expresión de nuestra misericordia y delicadeza, de nuestra compasión y respeto, de nuestra paz entrañable, de nuestro amor cuidadoso.

Gracias por la ternura no tergiversada, no aprovechada para traspasar barreras de abuso a los pequeños o a los frágiles. Gracias por la ternura que es transparente, genuina, noble, que respeta siempre la acogida del otro, su dignidad, su momento, su aceptación o rechazo, su voluntad de encuentro o su negativa.

Gracias por la ternura que no es tergiversada en beneficio propio, como camino falso de uso perverso del poder.

Gracias por la ternura no tergiversada.
Amén.
San Camilo, ruega por nosotros.

LA SALUD INTEGRAL

Padre bueno, gracias por la vida, y gracias por la salud integral.

Gracias por la salud como experiencia de bien y armonía, como expresión de responsabilidad y cuidado, como vida que integra todas las dimensiones de la persona.

Gracias por la salud física, la salud mental, la salud emocional, la salud relacional, la salud valórica, la salud espiritual y religiosa.

Vivimos salud en todas las dimensiones de nuestra persona, pero deseamos vivir salud integral, ser personas maduras, buenas, gozosas, libres y responsables, que saborean la bondad del ser humano y se cuidan y cuidan la fragilidad y la dependencia.

Gracias por la salud humanizada, no solo la salud de nuestra biología, sino de todo nuestro ser.

―――

Gracias por la salud integral.
Amén.
San Camilo, ruega por nosotros.

LOS TELÉFONOS MÓVILES

Padre bueno, gracias por la vida, y gracias por los teléfonos móviles.

Gracias por los celulares que utilizamos para estar en comunicación entre las personas, para estar al día en informaciones de interés, para cultivar la relación grupal, para el trabajo y para el ocio.

Gracias por los teléfonos móviles, que deseamos utilizar como medio, en su tiempo y manera constructivos, proporcionados, sin dependencia ni adicción, con libertad y responsabilidad.

Gracias por los móviles que no nos distraen del encuentro personal, de la atención de cuidados, de la bondad de la presencia, del disfrute del momento que nos regala el encuentro encarnado, cara a cara, cuerpo a cuerpo.

Gracias por el buen uso que podemos hacer
de los teléfonos móviles.
Amén.
San Camilo, ruega por nosotros.

LOS PAJARILLOS

Padre bueno, gracias por la vida, y gracias por los pajarillos.

Gracias por los pajarillos que alegran nuestra vida con su canto, que nos interpelan con su pequeñez, que nos atraen en la naturaleza, que ponen armonía en nuestro silencio o reclaman atención en nuestras distracciones.

Gracias por los pajarillos pequeños, los mirlos, los gorriones, los jilgueros, los estorninos…, tan minúsculos y hermosos, que has creado y nos regalas gratuitamente, que engalanan nuestro mundo y dan identidad a nuestras casas.

Gracias por los pajarillos que no se preocupan por sembrar y cultivar, y encuentran alimento, cuestionándonos en nuestras dinámicas de acumulación y apego a las cosas y los bienes materiales.

Gracias por los pajarillos.
Amén.
San Camilo, ruega por nosotros.

LAS JORNADAS DE FORMACIÓN

Padre bueno, gracias por la vida, y gracias por las jornadas de formación.

Gracias por los encuentros y jornadas que organizamos o en los que participamos, que nos sirven para sensibilizarnos, actualizarnos, encontrarnos y construir un mundo donde circule el saber, el aprendizaje de las experiencias, las relaciones que son productivas y eficaces, motivadoras y humanizadoras.

Gracias por las jornadas bien organizadas, bien llevadas, en las que da gusto participar, en las que hay escucha y diálogo, apertura a lo nuevo y a lo diferente.

Gracias por las jornadas que muestran nuestra madurez en la participación, la apuesta por el diálogo como medio de encuentro y aprendizaje que nos permite crecer y humanizarnos.

Gracias por las jornadas formativas.
Amén.
San Camilo, ruega por nosotros.

LA CUARESMA

Padre bueno, gracias por la vida, y gracias por la Cuaresma.

Gracias por la Cuaresma como oportunidad, como tiempo propicio para la reflexión, para el compromiso sostenido, para la preparación a la gran fiesta de la vida resucitada.

Gracias por la Cuaresma aprovechada en clave de revisión, de propósito de renovación y cambio, de cuestionamiento de aquellos males de los que nos podemos privar para generar el bien y abrirnos a una vida renovada.

Gracias por la Cuaresma celebrada, por las llamadas a la austeridad, a la moderación, a la dinámica de la esperanza. Gracias por la apertura a la trascendencia vivida significativamente al usar símbolos, palabras, costumbres que abren a la solidaridad y a la humanización.

Gracias por la Cuaresma, que nos ayuda a volver sobre nuestros pasos buenos, a poner en ti nuestra morada, a convertirnos permanentemente a la buena vida.

Gracias por la Cuaresma.
Amén.
San Camilo, ruega por nosotros.

EL CORAZÓN SANO

Padre bueno, gracias por la vida, y gracias por el corazón sano.

Gracias por el corazón íntegro, que piensa bien, que hace buenos planes, que abriga buenos pensamientos, que desea y anhela el encuentro constructivo y amoroso.

Gracias por el corazón recto, que dicta el buen obrar, que ve atractivos el bien y la justicia, que guarda la intimidad del otro con respeto, que recapacita y discierne.

Gracias por el corazón limpio, el corazón gozoso, el corazón que anhela, que se duele por el mal ajeno, que se compadece, del que mana la vida y el amor. Gracias por el corazón como lugar de intensa energía, vida, comprensión y potencial motivador.

Gracias por el corazón, que es fuente de los pensamientos, acciones y palabras.

Gracias por el corazón que podemos formar para ser buenas personas y buenos profesionales poniendo las manos en él.

Gracias por el corazón sano.
Amén.
San Camilo, ruega por nosotros.

EL PESCADO

Padre bueno, gracias por la vida, y gracias por el pescado.

Gracias por el alimento que obtenemos de mares, ríos y estanques, que nos nutre y hace bien a la salud, que complementa correctamente nuestra dieta con su bondad nutritiva y sus valores biológicos, tan útiles para nuestra salud.

Gracias por el pescado como símbolo de nuestra tradición cristiana, que nos evoca a Jesús, el Cristo, el Hijo de Dios y Salvador.

Gracias por el pescado como símbolo de abundancia en su recogida, de la generosidad de la naturaleza para la supervivencia del ser humano.

Gracias por las expresiones sobre pescar que nos evocan actitudes positivas humanas de llamada al seguimiento, de compromiso interpersonal para las buenas causas, llegando a pensar en ser «pescadores de hombres», motivadores de solidaridad con la construcción de un mundo mejor.

Gracias por el pescado.
Amén.
San Camilo, ruega por nosotros.

«NADA HUMANO ME ES AJENO»

Padre bueno, gracias por la vida, y gracias porque «nada humano nos es ajeno».

Gracias por la humanidad que nos hace iguales, que nos hace capaces de comprensión y de compasión porque encontramos dentro de nosotros mismos la indigencia, la fragilidad, la necesidad de la ayuda solidaria de los demás, la vulnerabilidad radical.

Gracias porque nada humano nos es ajeno y esto nos hace humildes, nos permite aceptar la fragilidad de nuestra condición, el hecho de que errar es humano, abrirnos a la empatía en la comprensión de los demás.

Gracias por esta sentencia de Terencio, que nos permite comprender nuestra condición frágil y potencialmente solidaria desde esta fragilidad, desde la apertura a la ayuda mutua y a la compasión.

Gracias porque nada humano nos es ajeno.
Amén.
San Camilo, ruega por nosotros.

LOS CACHORROS

Padre bueno, gracias por la vida, y gracias por los cachorros.

Gracias por las crías del perro y de otros mamíferos —el león, el lobo, el oso—, que nos hacen pensar en las nuevas generaciones llamadas a suceder a las anteriores en el ciclo de la vida.

Gracias por los cachorros, que nos presentan su aire juguetón, inocente, ingenuo, abierto a la ayuda, explorador, arriesgado…

Gracias porque nos podemos abrir al futuro, a dejar paso a los más jóvenes, tiernos, a los que nos sentimos responsables de respetar, de instruir, de educar en el entorno que hay que cuidar.

Gracias por los cachorros, que renuevan la vida y nos invitan a dejar el turno, entregar el protagonismo, dar paso a otros, delegar.

Gracias por los cachorros.
Amén.
San Camilo, ruega por nosotros.

EL VIERNES DE DOLORES

Padre bueno, gracias por la vida, y gracias por el Viernes de Dolores.

Gracias por el viernes que nos regalas antes de la Semana Santa, que nos permite evocar los dolores de María, madre de Jesús, y que nos hace tomar más en consideración los sufrimientos de las madres.

Gracias por las madres que viven sacrificadas, cuidando a hijos en momentos difíciles, velando durante toda su vida, atendiendo a los hijos con discapacidad y siendo sus referentes; que viven en vilo con miedo al suicidio, que vibran con la conquista de la libertad de sus hijos, que sufren cuando están encarcelados, o tienen accidentes, o cometen actos reprobables, o fracasan en su aprendizaje…

Gracias por las madres que ven venir la cruz de sus hijos, que se duelen compasivamente, que sufren solidariamente, con la confianza puesta en ti, Padre bueno.

Gracias por las madres que se hacen abuelas, que siguen entregando su vida ante los límites y necesidades de sus hijos.

Gracias por el Viernes de Dolores.
Amén.
San Camilo, ruega por nosotros.

NUESTRO CORAZÓN EXPECTANTE

Padre bueno, gracias por la vida, y gracias por nuestro corazón expectante.

Gracias por nuestro corazón inquieto, expectante, esperanzado, abierto al misterio de la vida y del sufrimiento humanos.

Gracias por nuestro corazón, que anhela luz y sentido al contemplar el sufrir y el morir. Gracias por nuestro corazón confiado a pesar de tanta injusticia y tanto daño. Gracias por el corazón abierto al amor fraterno que quiere ser universal.

Gracias por nuestro corazón habitado de la esperanza firme que nos exige un compromiso, que nos hace activos, solidarios, sensibles al sufrir, contrarios a las cruces injustas, abiertos a la ayuda por los caminos del entregar la vida y morir.

Gracias por el corazón expectante y esperanzado.
Amén.
San Camilo, ruega por nosotros.

LA SEMANA SANTA

Padre bueno, gracias por la vida, y gracias por la Semana Santa que vamos a comenzar.

Gracias por la gran semana de la celebración del misterio de nuestra fe: el misterio de la Pascua, el misterio del triunfo de la vida, de la misericordia y la justicia sobre toda forma de mal, sobre toda forma de violencia y homicidio, sobre toda forma de falta de fraternidad universal.

Gracias por la semana que comenzamos entrando contigo en Jerusalén, siguiéndote en la entrega por amor, mirando a todos los que son crucificados en nuestro entorno por no aceptar la posibilidad de un mundo mejor, un mundo más humano, más justo y compasivo, como nos mostraste.

Gracias por la semana de fiesta comunitaria, de contemplación del arte santo que nos recuerda tu pasión, muerte y resurrección.

Gracias por la Semana Santa.
Amén.
San Camilo, ruega por nosotros.

EL DOMINGO DE RAMOS

Padre bueno, gracias por la vida, y gracias por el Domingo de Ramos.

Gracias por este día en que hemos aclamado a Jesús de Nazaret como bendito.

Gracias por este domingo en que hemos acompañado a Jesús hacia Jerusalén.

Gracias por las personas que expresan con palmas o ramos de olivo el respeto, amor y creencia en Jesús, el gran humanizador de la historia.

Gracias por el simbolismo de la humildad de un burro, sobre el que Jesús entró en Jerusalén: paz para todos, no triunfalismo bélico. Gracias por la autoridad que da el amor pacífico.

Gracias por este Domingo de Ramos en que apostamos por la paz como actitud ante la injusticia.

Gracias por las celebraciones que nos permiten expresar nuestra fe, unirnos en comunidad, compartir nuestra esperanza.

Gracias por el Domingo de Ramos.
Amén.
San Camilo, ruega por nosotros.

LO BONITO

Padre bueno, gracias por la vida, y gracias por lo bonito.

Gracias por todo lo que nos resulta bonito, por el valor de la belleza, de la armonía de las cosas, conductas y personas que nos producen el atractivo contemplativo, la admiración que se asombra, el reconocimiento de lo adecuado.

Gracias por lo que nos parece lindo, agraciado, proporcionado, armónico.

Gracias por lo que reconocemos como hermoso, admirable, precioso, que nos produce bien porque suscita admiración saludable, paz comprometida, respeto por la identidad, consideración por sus artífices o trascendencia.

Gracias por todo lo que transformamos de feo y cruel en armónico y bello.

Gracias por la Piedad *de Miguel Ángel.*
Amén.
San Camilo, ruega por nosotros.

LAS PROCESIONES

Padre bueno, gracias por la vida, y gracias por las procesiones.

Gracias por las expresiones religiosas, culturales, de arte puesto en las calles, que nos evocan la historia del proceso de juicio, muerte y resurrección de Jesús de Nazaret.

Gracias por los artistas que han expresado bellamente los momentos centrales del final de la vida de Jesús.

Gracias por los grupos que se reúnen en torno a las cofradías que expresan su devoción, reverencia, solidaridad efectiva ante el sufrimiento del mundo expresado en imágenes, desfiles y expresiones musicales.

Gracias por quienes cultivan la actualización de las costumbres para que se ajusten saludablemente a los valores concentrados en torno al amor fraterno y compasivo para con las personas que sufren.

Gracias por las procesiones humanizadas.
Amén.
San Camilo, ruega por nosotros.

EL AMOR UNIVERSAL

Padre bueno, gracias por la vida y gracias por el amor universal.

Gracias porque celebramos el amor en su dimensión universal, en cuanto nos hace a todos capaces de querernos y dejarnos querer como iguales.

Gracias por el amor que respeta, que promueve la misma dignidad para todos.

Gracias por el amor que construye, que teje lazos de solidaridad y ayuda a los que sufren.

Gracias por el amor que se expresa en las profesiones sanitarias, educativas, de intervención social…

Gracias por el amor servicial, el amor que genera perdón, el amor que vence la muerte.

Gracias por el amor fraterno.
Amén.
San Camilo, ruega por nosotros.

LOS PRESBÍTEROS

Padre bueno, gracias por la vida, y gracias por los presbíteros.

Gracias por las personas que consagran su vida al servicio de las comunidades creyentes, a la caridad cristiana, a la animación de las comunidades, a la celebración de los misterios de la fe, al acompañamiento en el escudriñar la Palabra Sagrada.

Gracias a los sacerdotes que, con corazón profundamente humano, evocan lo sagrado, ayudan amorosa y tiernamente a los individuos y comunidades en la fe.

Gracias por los sacerdotes que alcanzan buenos grados de madurez humana, acompañados y acompañando procesos de humanización, de vida entrañable, de bondad, justicia, paz.

Gracias por los sacerdotes que conectan bien con las asambleas, que privilegian a los más pobres, que se muestran humildes y serviciales.

Gracias por los sacerdotes.
Amén.
San Camilo, ruega por nosotros.

LOS CIRINEOS

Padre bueno, gracias por la vida, y gracias por los cirineos.

Gracias por las personas humildes y compasivas que, ante las cruces de los demás, se mueven compasivamente en ayuda que alivia, conforta, consuela, sostiene.

Gracias por los cirineos que, por su propia iniciativa, despliegan conductas que logran disminuir el sufrimiento de los demás.

Gracias por los que honran el amor, no ensalzan el dolor.

Gracias por los que hacen del amor y de la ayuda la esencia de toda creencia y religión.

Gracias por quienes previenen las cruces, los dolores, los malestares.

Gracias por los cirineos que asisten en los hospitales, en las residencias, en las calles, en la vecindad.

Gracias por los cirineos que nos confrontan con las pasividades ante el sufrir ajeno.

Gracias por los cirineos.
Amén.
San Camilo, ruega por nosotros.

NOCHE EN QUE ACOGEMOS LA LUZ

Padre bueno, gracias por la vida, y gracias por esta noche en que acogemos la luz, esta noche de apertura a la vida, esta noche en que nos vestimos de esperanza, con la confianza puesta en ti, Padre bueno.

Gracias porque nos levantas, nos das luz, nos amas, nos resucitas poniendo la relación por encima de la soledad, el servicio compasivo por encima de la indigencia.

Gracias porque no nos hemos quedado en la cruz ni en el silencio, sino que levantamos la voz cantando *Aleluya*, confiados en ti.

Gracias por esta noche de Pascua que nos estimula a vivir gozosos, con la alegría que da la esperanza de que amanece y amanecerá de todas las oscuridades.

Gracias por el amor que nos sostiene y nos resucita en cada encuentro en que vencemos las violencias y desencuentros.

Gracias por la dinámica cotidiana de la resurrección.
Amén.
San Camilo, ruega por nosotros.

LA RESURRECCIÓN QUE CELEBRAMOS

Padre bueno, gracias por la vida, y gracias por la resurrección que celebramos.

Gracias por la resurrección, que nos da esperanza comprometida en el cuidado compasivo y la vida. Gracias por la resurrección, en la que creemos con confianza en ti, su artífice. Gracias por la resurrección, de la que damos testimonio en el amor fraterno, en el cuidado del cuerpo, templo tuyo.

Gracias por la resurrección como dinámica cotidiana de apuesta por la vida.

Gracias por la resurrección de la que damos testimonio viendo en las cruces humanas la llamada al poder del amor que construye tu reino de vida buena.

Gracias por la resurrección que celebramos.
Amén.
San Camilo, ruega por nosotros.

EL SABER

Padre bueno, gracias por la vida, y gracias por el saber.

Gracias por los saberes diferentes: el aprender a conocer, aprender a ser, aprender a convivir y aprender a hacer.

Gracias por el saber sabio, que no es mera transmisión de conocimientos e informaciones, sino reflexión e invitación a respuestas humanizadoras, a reflexión crítica, a habilidades sociales.

Gracias por los conocimientos que enseñan a ser, actuar y pensar en un mundo complejo, líquido, exigente y crítico.

Gracias por los que saben enseñar y enseñan a aprender, a pensar, a discernir, a actuar en claves constructivas y humanizadoras.

Gracias por el saber que nos permite sacar sabor y disfrutar del conocimiento y de las conductas dignas.

Gracias por el saber humanizador.
Amén.
San Camilo, ruega por nosotros.

LOS MENSAJEROS DE ESPERANZA

Padre bueno, gracias por la vida, y gracias por los mensajeros de esperanza.

Gracias por las personas que logran ser mensajeras de buenas noticias, motivadoras e ilusionante de otras, para emprender o mantener actitudes e iniciativas que contribuyen a crear un mundo mejor, más humano, más entrañable.

Gracias por quienes refuerzan la mirada positiva ante las dificultades, identificando los puntos positivos, los valores que, encarnándolos, dibujan futuros de bondad y bien.

Gracias por los mensajeros de esperanza que apuntan a utopías realizables, que tensan sanamente a las personas, que mueven a comprometerse para que se haga realidad lo deseado.

Gracias por los mensajeros de esperanza.
Amén.
San Camilo, ruega por nosotros.

LAS VIVENCIAS DE APRENDIZAJE

Padre bueno, gracias por la vida, y gracias por las vivencias de aprendizaje.

Gracias por las experiencias que hacemos y que nos posibilitan abrirnos al conocimiento, adquirir habilidades, cambiar nuestros modos de pensar, de sentir y de actuar, para crecer como personas, para relacionarnos mejor, para hacer bien el bien.

Gracias por las vivencias de aprendizaje que nos abren los ojos a realidades nuevas, que nos permiten no ser cómplices del mal por ignorancia, por silenciamiento o por falta de pericia.

Gracias por los que nos facilitan vivencias de aprendizaje informándonos, organizándolas, transmitiéndonos correctamente información, utilizando metodologías motivadoras y adecuadas a las personas participantes.

———

Gracias por las vivencias de aprendizaje.
Amén.
San Camilo, ruega por nosotros.

LOS ENCUENTROS CON LOS QUE SUFREN

Padre bueno, gracias por la vida, y gracias por los encuentros con los que sufren.

Gracias por regalarnos el privilegio de visitar, escuchar y acompañar a personas que sufren. Gracias porque nos regalan palabras que, en su narración, nos ayudan a acceder a las dinámicas de la naturaleza humana, en su parte oscura y necesitada de consuelo.

Gracias por el privilegio de escuchar a los que sufren, de inspirar confianza y motivación suficientes para liberarse y buscar luz en la escucha.

Gracias por los que nos regalan el privilegio de entrar en su corazón, por los que se dejan consolar mediante el diálogo, por los que tienen fe en la relación de ayuda.

Gracias por los que, al narrarse, nos confrontan con nuestra propia fragilidad. Gracias por los que, al contar cómo sufren, dignifican la condición humana, también en su propia vulnerabilidad.

———

Gracias por los que narran su sufrir.
Amén.
San Camilo, ruega por nosotros.

EL PRIVILEGIO DE CUIDAR

Padre bueno, gracias por la vida, y gracias por el privilegio de cuidar.

Gracias porque estamos llamados corresponsablemente a atendernos unos a otros, a apoyarnos lo necesario para llevar una vida buena.

Gracias porque dejándonos cuidar podemos dar testimonio de humildad, acogida, hospitalidad, amor. También dando posibilidad a otros de atendernos realizamos valores de sentido, valores que humanizan.

Gracias porque tenemos el privilegio de conjugar el verbo *cuidar*, referido a los pensamientos, a las relaciones, a las conductas, a las cosas, al mundo.

Gracias porque con el cuidado empezó la humanidad, en él nos va la vida, en él sostenemos la dignidad y nos apoyamos con fraternidad y familiaridad solidaria.

Gracias por el privilegio de cuidar.
Amén.
San Camilo, ruega por nosotros.

LA INTELIGENCIA ARTIFICIAL

Padre bueno, gracias por la vida, y gracias por la inteligencia artificial.

Gracias por esa parte de la inteligencia artificial que se convierte en un apoyo, una ayuda para salir al paso de necesidades humanas, de investigación, de generación de evidencia que agiliza el acceso a estrategias de prevención, de diagnóstico, de conocimiento.

Gracias por los que trabajan por impregnar la inteligencia artificial de la dimensión ética. Gracias por las posibilidades de humanizar sin dejar que los algoritmos tengan sus caminos inmorales de gestión de información y de promoción de conductas que no respeten los valores humanos.

Gracias por la tecnología que gestionamos con humanidad, al servicio de la humanidad, con conciencia y respeto para con la naturaleza humana.

Gracias por la inteligencia artificial.
Amén.
San Camilo, ruega por nosotros.

SOMOS RESUCITADOS

Padre bueno, gracias por la vida, y gracias porque somos resucitados.

Nos levantas, nos pones de pie, nos introduces en la dinámica del amor que vence, nos das vida y energía para salir a la luz, para vivir en ti, para ser recordados, para trascender lo que vemos.

Gracias, Padre bueno, porque somos introducidos en el misterio de lo que toma definitivamente tu perspectiva, conecta la bondad y lo santo, proyecta hacia nosotros tu luz y tu misericordia.

Gracias porque somos resucitados en ti, porque confiamos en el encuentro definitivo contigo y con todo, cara a cara, envueltos en un amor sin límite y en una transparencia de verdad misericordiosa y entrañable, universal y de presencia.

Gracias porque somos resucitados en la esperanza, y así nos permites comprometernos en la construcción de pedacitos de cielo con nuestras relaciones de cuidado y amor.

Gracias porque somos resucitados.
Amén.
San Camilo, ruega por nosotros.

LA SALUD EXPERIMENTADA

Padre bueno, gracias por la vida, y gracias por la salud experimentada.

Gracias por la salud hecha consciente, disfrutada, vivida, saboreada, aprovechada, agradecida.

Gracias por la salud que tenemos cuando no nos damos cuenta de la armonía que invade nuestro cuerpo y nuestra mente. Gracias por la salud silenciosa que queremos aprovechar para vivir bien, para sacarle el jugo a cada instante que nos regalas.

Gracias por la salud vivida, cuidada, puesta al servicio de las relaciones que humanizan, entregada y que construye un mundo fraterno.

Gracias por la salud que nos anticipa la vida en plenitud, la Salvación sin límites, sin sufrimientos, hecha experiencia de vida amorosa y entrañable.

Gracias por la salud experimentada y disfrutada.
Amén.
San Camilo, ruega por nosotros.

CUIDADORES DE ENFERMOS DE ALZHÉIMER

Padre bueno, gracias por la vida, y gracias por los cuidadores de enfermos de alzhéimer.

Gracias por los familiares y cuidadores de personas con deterioros cognitivos, particularmente con alzhéimer.

Gracias por todos los que, llenos de paciencia, estrategias, conocimientos, adecuación de espacios, metodologías de estimulación…, logran preservar la dignidad de las personas con alzhéimer.

Gracias por todos los que investigan, por los que generan cultura, los que cuidan a los cuidadores ofreciendo conocimientos y habilidades, recursos de todo tipo, para apoyar en el cuidar con dignidad.

Gracias por los que inventan ayudas técnicas, por los que las apoyan, por quienes se dejan ayudar, para salir al paso de esta enfermedad, cuidando con esmero y dignidad a las personas tan frágiles.

Gracias por los cuidadores de enfermos de alzhéimer.
Amén.
San Camilo, ruega por nosotros.

LA NOCHE OSCURA

Padre bueno, gracias por la vida, y gracias por la noche oscura.

Gracias por la experiencia de soledad y desolación en el corazón, donde habitas tú y nos invitas a dejarnos hacer, a abrirnos a la luz de la presencia.

Gracias porque estás presente en la noche, cuando logramos buscar y poner las lámparas de la esperanza, pero también cuando te dejamos a ti hacerlo todo, llevarnos de tu mano, mientras experimentamos tu ausencia.

Gracias por la noche en la que nos guías, en la que nos purificamos en nuestra experiencia espiritual, en la que sentimos la ausencia, y en la que aceptamos que la ausencia es espacio para ti, para tu protagonismo.

Gracias por la noche de los que sufren, la noche de quienes, por ser de noche, se abren al encuentro, al diálogo, a la relación que acompaña espiritualmente y humaniza.

Gracias por la experiencia de la noche en el corazón.
Amén.
San Camilo, ruega por nosotros.

NOS ESCUCHAMOS

Padre bueno, gracias por la vida, y gracias por que nos escuchamos.

Gracias por el regalo de la escucha que nos permite encontrarnos en la narración, en la expresión de lo que somos y deseamos ser, de lo que nos pasó y nos pasa.

Gracias porque, mediante la escucha, nos encontramos en el encuentro, construimos relación que humaniza, aliviamos sufrimiento, buscamos luz para nuestros senderos.

Gracias por la escucha generosa, la que sabe callar, la que asiente sin juicio, la que hospeda el corazón de quien se narra.

Gracias porque nos escuchamos con respeto, porque nos abrimos a la alteridad, porque nos atendemos y auscultamos el corazón recíprocamente.

Gracias porque nos escuchamos.
Amén.
San Camilo, ruega por nosotros.

LA LEY DEL CORAZÓN

Padre bueno, gracias por la vida, y gracias por la ley del corazón.

Gracias porque has puesto en nuestro corazón una ley de compasión, una ley de fraternidad.

Gracias porque nos has dado un corazón que podemos orientar al bien, un corazón con el que podemos discernir, un corazón en el que podemos fraguar planes de humanización y solidaridad.

Gracias porque nos has dado un corazón que podemos formar y hacer recto, humilde y compasivo. Gracias por nuestro corazón que ve también cómo se alumbran los valores.

———————

Gracias por el corazón de carne y puro
que nos has regalado.
Amén.
San Camilo, ruega por nosotros.

EL AGUA FRESCA

Padre bueno, gracias por la vida, y gracias por el agua fresca.

Gracias porque nos das agua para calmar la sed. Gracias porque compartimos el agua que necesitamos para calmar y saciar la sed.

Pero gracias también por la sed, que nos mueve a la búsqueda. Gracias por la sed que nos hace desear, que nos saca de nosotros mismos, que nos pone en camino hacia pozos, fuentes y manantiales que necesitamos.

Gracias por la sed de sentido y trascendencia, la sed de valor y de salud plena, la sed de encuentro y de llegada.

Gracias por la sed espiritual, la que compartimos también en tiempos de sequía religiosa, la que nos define como humanos, buscadores de hondura y trascendencia.

Gracias por la sed y por el agua que encontramos en los manantiales que hablan de ti, Padre bueno.

Gracias por el agua fresca.
Amén.
San Camilo, ruega por nosotros.

LOS QUE ACOMPAÑAN A LAS PERSONAS QUE VIVEN EN LA PROSTITUCIÓN

Padre bueno, gracias por la vida, y gracias por las personas que acompañan a quienes viven en la prostitución.

Gracias por las personas e instituciones que buscan con acogida, interés y generosidad a las personas que viven en situación de prostitución, utilizadas y víctimas de trata, de captación, traslado y explotación con intereses económicos.

Gracias por las personas que se acercan sin juzgar, con mirada compasiva, y acompañan procesos de fortalecimiento de la dignidad, de cuidado de la salud, de formación para el empoderamiento y la vida humanizada.

*Gracias por quienes son voluntarios o trabajan con personas en situación de prostitución.
Amén.
San Camilo, ruega por nosotros.*

PUNTAS DE LANZA

Padre bueno, gracias por la vida, y gracias por las personas que son punta de lanza.

Gracias por las personas que abren camino, que innovan, que se colocan en primera posición de liderazgo humanizador.

Gracias por las personas y programas, iniciativas y dinámicas que se convierten en vanguardia con potencial de bien.

Gracias por las puntas de lanza en programas de salud y de atención humanizada.

Gracias por las puntas de lanza en modelos de acompañamiento en el sufrir, centrados en las relaciones.

Gracias por las puntas de lanza en la atención al duelo complicado.

Gracias por las puntas de lanza que se mantienen comprometidas e innovando permanentemente.
Amén.
San Camilo, ruega por nosotros.

LA REPARACIÓN

Padre bueno, gracias por la vida, y gracias por la reparación.

Gracias por todas las personas que se comprometen en la reparación del daño hecho, mirando a las víctimas como necesitadas, dañadas y merecedoras del restablecimiento de la justicia y la compensación.

Gracias por la reparación del daño que nos ayuda a prevenir nuevos daños, a construir dinámicas de protección y respeto recíproco, de promoción de la dignidad de todo ser humano, de vivencia de los valores que humanizan.

Gracias por la reparación que es simbólica cuando no puede ser material o no puede restituir al dañado su situación primera.

Gracias por la reparación que promueve el encuentro en el perdón y el respeto, en la compasión, el arrepentimiento y la justicia educativa.

Gracias por la reparación.
Amén.
San Camilo, ruega por nosotros.

EL DIÁLOGO LIBERADOR

Padre bueno, gracias por la vida, y gracias por el diálogo liberador.

Gracias por el diálogo que se apoya en la relación de ayuda, en la empatía terapéutica, en la consideración positiva y el vínculo de autenticidad entre quien ayuda y el ayudado.

Gracias por el diálogo que genera esa alianza que favorece la expresión del sufrir, el compromiso de afrontarlo, la conciencia de la responsabilidad en el abordaje de las dificultades.

Gracias por el diálogo que libera de los malos pensamientos, de las significaciones revictimizadoras, de las pasividades frente a la búsqueda del bien y la salud.

Gracias por el diálogo liberador de lo que está escondido, sin sanar, sin narración terapéutica.

Gracias por el diálogo liberador.
Amén.
San Camilo, ruega por nosotros.

LOS TERAPEUTAS HERIDOS

Padre bueno, gracias por la vida, y gracias por los terapeutas heridos.

Gracias por las personas que acompañan a los que sufren en relaciones que quieren ser terapéuticas, de ayuda eficaz en el afrontamiento del sufrir y sus causas.

Gracias por esos terapeutas que también tienen sus problemas, sus heridas, su sufrimiento, y hacen de él fuente de sanación, pericia en humanidad, aumentando su actitud compasiva y su potencial empático.

Gracias por los terapeutas que buscan supervisión, que se hacen ayudar, que marcan límites y derivan al paciente oportunamente.

Gracias por los terapeutas que se comprometen en el desarrollo permanente, como deber ético por estar acompañando a otras personas que sufren.

Gracias por los terapeutas heridos.
Amén.
San Camilo, ruega por nosotros.

MODELOS DE ATENCIÓN CENTRADOS EN LAS RELACIONES

Padre bueno, gracias por la vida, y gracias por los modelos de atención centrados en las relaciones.

Gracias porque seguimos innovando en la reflexión y práctica sobre cómo cuidar, y nos damos cuenta de las relaciones, del mundo de los vínculos de las personas a las que cuidamos, particularmente en programas de cuidado a los mayores; pero también de las relaciones que los cuidadores entablan con ellos y de la necesidad de cuidar a los cuidadores y las relaciones entre ellos.

Gracias porque, al mirar las relaciones como clave, reconocemos la interdependencia, no solo la autonomía; nos damos cuenta de la bondad de buscar el bien ajeno, no solo empoderándolo, sino también cuidando la alianza terapéutica y repensando el principio de beneficencia.

Gracias porque nos inspiras modelos humanizados y renovados de cuidar.

*Gracias por los modelos de atención
centrados en las relaciones.
Amén.
San Camilo, ruega por nosotros.*

LA CALIDAD DE VIDA

Padre bueno, gracias por la vida, y gracias porque buscamos la calidad de vida.

Gracias porque nos importa la dignidad de las personas, pero también la calidad de vida lograda mediante el despliegue de las potencialidades humanas y su recuperación en procesos de enfermedad.

Gracias porque vemos igualmente la calidad de vida no solo en la valoración subjetiva de cada uno, sino también en la calidad de los cuidados, de los servicios que prestamos, de las estructuras puestas al servicio de las personas enfermas, dependientes, con discapacidad.

Gracias por la vida vivida personalmente, pero gracias también por la calidad de las relaciones, por la calidad de los cuidados, por la bondad de la vida en sí.

Gracias por la calidad de vida.
Amén.
San Camilo, ruega por nosotros.

LA ELIMINACIÓN
DE LOS MALOS TRATOS

Padre bueno, gracias por la vida, y gracias por la eliminación de los malos tratos.

Gracias por todos aquellos que viven empeñándose en cuidar bien, sin ninguna forma de maltrato: ni físico ni psicológico ni institucional ni sexual.

Gracias por los empeños de eliminar las sujeciones físicas y químicas a las personas enfermas o discapacitadas, tanto en sus casas como en residencias y hospitales.

Gracias por las legislaciones y las estrategias que buscan modos adecuados de combinar el respeto de la libertad con la protección frente a los riesgos.

Gracias por quienes educan, ponen en práctica planes de eliminación de sujeciones, acreditan y contribuyen a humanizar los cuidados de personas con problemas cognitivos.

*Gracias por la eliminación de toda forma
de malos tratos.
Amén.
San Camilo, ruega por nosotros.*

LAS COMPETENCIAS BLANDAS

Padre bueno, gracias por la vida, y gracias por las competencias blandas.

Gracias por las personas que cultivan sus competencias blandas para la profesionalidad, para abordar situaciones difíciles, para humanizar.

Gracias por quienes trabajan la competencia relacional, emocional, ética, espiritual, cultural.

Gracias por quienes, en sus acciones formativas, ayudan a adquirir estas competencias centradas en la dimensión humana, no solo en los conocimientos y habilidades relacionadas con lo científico-técnico.

Gracias por las personas que cuidan las relaciones, las emociones, los valores, la dimensión espiritual, el respeto, comprensión y gestión de la diversidad.

Gracias por las competencias blandas
como parte de la competencia profesional.
Amén.
San Camilo, ruega por nosotros.

LOS QUE HABLAN BIEN

Padre bueno, gracias por la vida, y gracias por los que hablan bien.

Gracias por los que cuidan sus palabras, tienen facilidad para las explicaciones, comunican de manera motivadora.

Pero gracias especialmente por los que hablan bien de los demás, los refuerzan positivamente, también delante de otros, reconociendo su valía, sus cualidades, ensalzando la parte positiva de su personalidad, sus buenas acciones y actitudes.

Gracias por los que, al hablar bien, contribuyen a promover un mundo que bendice, que cultiva la mirada reconocedora, la mirada positiva que afianza en los valores.

Gracias por los que hablan bien consciente y deliberadamente, para reforzar a las personas y para ayudar a construir un mundo mejor con las bondades de las personas.

Gracias por los que hablan bien de los demás.
Amén.
San Camilo, ruega por nosotros.

LA CASA COMÚN

Padre bueno, gracias por la vida, y gracias por la casa común.

Gracias por nuestra casa, por la casa de nuestra familia o comunidad, los edificios de casas que albergan personas que se constituyen en buenos vecinos que comparten servicios y se ayudan.

Gracias por la casa común que es nuestro barrio, nuestro pueblo o nuestra ciudad, nuestra región o nuestro país.

Pero gracias por la gran casa común que es nuestro mundo, el planeta en que habitamos y que sentimos la responsabilidad de cuidar de manera racional, equilibrada, agradecida, de tal forma que sea también casa común de generaciones venideras.

Gracias por nuestra conciencia de necesidad de cuidar la casa común con estrategias respetuosas de la naturaleza, con uso racional de la energía, con respeto a los vegetales y a los animales, con respeto libre de dinámicas de explotación.

Gracias por nuestra bella y variada casa común.
Amén.
San Camilo, ruega por nosotros.

COMEMOS JUNTOS

Padre bueno, gracias por la vida, y gracias porque comemos juntos.

Gracias porque algunos logramos reunirnos para comer, después de preparar los alimentos y la mesa. Nos reunimos en torno a los alimentos que nos nutren, pero nos reunimos también en torno a los vínculos que nos unen.

Gracias por los buenos alimentos, variados, hermoseados estéticamente en su presentación, proporcionados en sus ingredientes para cuidar nuestra salud. Pero gracias también por el alimento del encuentro, por los diversos niveles de complicidad de nuestros vínculos, por embellecer las conversaciones con valores, diálogo, interés recíproco.

Gracias porque muchos logramos comer juntos y así nos humanizamos, cualificamos nuestra necesidad de alimentarnos, nutriéndonos también del encuentro.

———

Gracias porque comemos juntos.
Amén.
San Camilo, ruega por nosotros.

LA SOLEDAD

Padre bueno, gracias por la vida, y gracias por la soledad.

Gracias por esa soledad que nos desafía a la comunión, a la corresponsabilidad para salir al paso de quien no quiere estar tanto solo.

Gracias por la soledad que, al no desearla, nos impone un malestar que podemos convertir en reflexión, tomando conciencia de nuestra radical soledad vital.

Gracias por la soledad que, al mirarnos a nosotros mismos, podemos aprovechar para seguir construyendo una identidad en relación, abrirnos a dejarnos querer y ayudar, solicitar ayuda y disponernos a la comunión y a vínculos antes no pensados.

———◆———

Gracias por la soledad que queremos transformar
en oportunidad.
Amén.
San Camilo, ruega por nosotros.

LA BONDAD DEL CUIDADO

Padre bueno, gracias por la vida, y gracias por la bondad del cuidado.

Gracias por el cuidado como dinámica que nos resucita, que nos saca de la soledad y del sufrimiento, controla los síntomas y nos pone en bienestar abierto a la relación.

Gracias por el cuidado que es señal de nuestra religión, la compasión que nos distingue y nos dispone al alivio del mal.

Gracias por el cuidado que, donde está, genera un paraíso, un espacio de juicio sobre lo bueno y lo malo, ennobleciendo la bondad de la atención al frágil y la hondura y valor final de cada gesto de atención.

Gracias por el cielo que construimos cada vez que cuidamos con ternura.

Gracias por el valor del cuidado.
Amén.
San Camilo, ruega por nosotros.

LA CERA QUE SE DERRITE

Padre bueno, gracias por la vida, y gracias por la cera que se derrite.

Gracias por la cera de abejas, que nos sirve para iluminar con las velas, y se convierte en signo de fiesta, de evocación de la presencia, signo de la bondad de la vida.

Gracias por la cera que nos permite hacer velas para decorar en nuestras fiestas, para ennoblecer la mesa, para dignificar los momentos y hacer simbólicamente visible lo sagrado.

Gracias por la cera con la que damos brillo y belleza a los objetos y lugares, dignificándolos y haciéndolos agradables para su uso o habitabilidad.

Gracias por la cera que nos regalan las abejas con su maravilloso proceso de transformación.

Gracias por la cera.
Amén.
San Camilo, ruega por nosotros.

BATIR PALMAS

Padre bueno, gracias por la vida, y gracias por el batir palmas.

Aplaudimos con entusiasmo y reconocimiento y aprobamos con nuestras palmadas que crean ruido aquello que vemos, que se representa, se proclama o se exhibe.

Aplaudimos como espectadores, como participantes, humanizando nuestra relación con lo que contemplamos, reforzándolo, agradeciéndolo, reaccionando activamente y construyendo bienestar.

Gracias porque deseamos mostrar nuestro reconocimiento a la creación diciendo poéticamente: «Aplaudan los ríos y canten alegres los montes».

Gracias porque aplaudir nos hace más humanos, expresa nuestra relación positiva con el entorno e incluso reivindica la justicia o rememora hechos o personas que nos importan.

Gracias por los aplausos.
Amén.
San Camilo, ruega por nosotros.

TERNURA MATERNA

Padre bueno, gracias por la vida, y gracias por la ternura materna.

Gracias por la ternura materna que se convierte en referente de cuidado, la ternura que sale al paso de la fragilidad del pequeño, que sostiene y da vida, nutre y envuelve, higieniza y consuela, socorre y enseña.

Gracias por la ternura materna que da seguridad en el abrazo y transmite bondad mediante el contacto físico y la caricia.

Gracias por la ternura de madre que se convierte en referente para humanizar la atención a los enfermos, a los mayores, a quien se encuentra al final de su vida.

Gracias por la ternura de madre que nos evoca el bien, la bondad, la belleza, lo entrañable.

Gracias por la ternura materna.
Amén.
San Camilo, ruega por nosotros.

CUMPLIMOS AÑOS

Padre bueno, gracias por la vida, y gracias porque cumplimos años.

Gracias porque cumplimos años y lo celebramos, nos felicitamos porque vivimos, y porque el tiempo marca nuestra vida agradecida, recibida a través de nuestros padres.

Gracias porque, al cumplir años, tomamos conciencia de la vida aceptada, de la vida vivida, de la vida y la salud como tarea, del paso del tiempo inexorable y su fugacidad sorprendente.

Gracias porque cumpliendo años nos expresamos deseos de felicidad, nos homenajeamos y reconocemos con aire de fiesta, nos expresamos la bondad de lo que, a través de cada uno de nosotros, nos regala la vida, nos regalas tú, origen y fuente de toda vida.

Gracias porque cumplimos años.
Amén.
San Camilo, ruega por nosotros.

EL JÚBILO

Padre bueno, gracias por la vida, y gracias por el júbilo.

Gracias porque podemos expresar la alegría profunda, la satisfacción honda, el bienestar espiritual, el gozo ante la realidad y las noticias buenas.

Gracias porque podemos expresar el gozo con palabras, gestos, cantos, oraciones, mostrando nuestra emoción positiva ante lo que nos conforta, consuela o infunde esperanza.

Gracias por el júbilo como regocijo y alegría que sentimos de manera vivaz ante lo que nos es favorable y nos anima.

Gracias por el júbilo que nos produce aclamaciones gozosas y expresiones positivas de satisfacción y confianza.

Gracias por el júbilo.
Amén.
San Camilo, ruega por nosotros.

LOS FUNCIONARIOS DE PRISIONES

Padre bueno, gracias por la vida, y gracias por los funcionarios de las prisiones.

Gracias por los buenos funcionarios de las prisiones, que miran y reciben a los internos con reconocimiento y espíritu de respeto, contribuyendo a la reconstrucción de las personas en su corazón, a la educación e inserción en la sociedad de quien no hizo el bien.

Gracias por los buenos funcionarios que respetan y se convierten en modelos de valores a interiorizar en las relaciones.

Gracias por los funcionarios que, a pesar de las dificultades, se mantienen honestos, respetuosos, con las manos limpias, con las conductas pacíficas, con la comunicación constructiva.

Gracias por los funcionarios de prisiones.
Amén.
San Camilo, ruega por nosotros.

LAS GASOLINERAS

Padre bueno, gracias por la vida, y gracias por las gasolineras.

Gracias porque en nuestros viajes en coche podemos repostar combustible para alcanzar nuestro destino. Gracias porque nos atendemos correctamente y hacemos de la relación un arte de encuentro servicial y fortuito.

Gracias porque en la vida sabemos dónde puede repostar nuestro corazón, tenemos estaciones de servicio que alimentan de energía espiritual, de motivaciones sanas, nuestra cotidianidad.

Gracias porque tú nos recargas de energía reconstituyente y estimuladora para una vida solidaria, para un viaje moderado, para elegir los destinos humanizadores, para disfrutar del camino y de los paisajes que construyen vida buena y virtuosa.

———

Gracias por las gasolineras.
Amén.
San Camilo, ruega por nosotros.

LA COMPASIÓN HOSPITALARIA

Padre bueno, gracias por la vida, y gracias por la compasión hospitalaria.

Gracias por la compasión que ve, se estremece y actúa para aliviar el sufrimiento ajeno, particularmente la compasión que desplegamos en hospitales y centros de cuidados, para enfermos y personas frágiles, y sus familias.

Gracias por la compasión, que es clave en la humanización porque con ella nos solidarizamos para el alivio del malestar ajeno y nos movemos entrañablemente con ternura hecha cuidado profesionalizado, amistoso, familiar.

Gracias por la compasión hospitalaria de los profesionales de la salud que, al desplegarla, nos hace genuinamente humanos y nos hace acompañamos saludablemente en el sufrir, el sanar, el morir.

Gracias por la compasión hospitalaria.
Amén.
San Camilo, ruega por nosotros.

LOS QUE TRABAJAN EN EL MAR

Padre bueno, gracias por la vida, y gracias por los que trabajan en el mar.

Gracias por todas las personas que viven en las condiciones de humedad, de inseguridad y, en ocasiones, de tiempo adverso, en el mar y por todas aquellas que nos procuran el alimento del pescado.

Gracias por quienes llevan horarios de esfuerzo, están fuera de casa durante tiempo, arriesgan, a veces, su seguridad, y nos traen a tierra la diversidad de productos marinos con los que nos nutrimos y ponemos dignamente en la mesa.

Gracias por quienes, al trabajar en el mar, nos dan ejemplo de supervivencia y tenacidad en la inseguridad; ejemplo de confianza y esperanza en la incertidumbre.

Gracias por los que trabajan en el mar.
Amén.
San Camilo, ruega por nosotros.

LAS LAGUNAS

Padre bueno, gracias por la vida, y gracias por las lagunas.

Gracias porque encontramos agua natural en depósitos de poca profundidad que embellecen la tierra.

Gracias por las lagunas que contienen vegetación abundante, aves de distintos tipos, peces que les dan vida.

Gracias por las lagunas que nos decoran la geografía haciéndola más fresca y amable en estaciones de calor, atrayéndonos al descanso, el deporte, el baño, la contemplación.

Gracias por las lagunas de colores, que contienen agua que tanto necesitamos para nuestra vida. Gracias por el valor medioambiental de las lagunas, que apreciamos y cuidamos como tesoro natural.

Gracias por las lagunas.
Amén.
San Camilo, ruega por nosotros.

PODEMOS LLORAR DE TERNURA

Padre bueno, gracias por la vida, y gracias porque podemos llorar de ternura.

Gracias por las lágrimas que vertemos conmoviéndonos ante situaciones de fragilidad, de necesidad de ayuda, de sufrimiento que nos genera impotencia, a la vez que compasión y deseo de alivio.

Gracias por la ternura que nos hace llorar, porque habla de nuestra blandura, de nuestra conexión, de nuestra identificación involuntaria con quien está mal.

Gracias porque podemos llorar de ternura y sentirnos comprometidos en el alivio del sufrimiento ajeno, indignados ante el mal que se podría evitar y que deseamos eliminar de nuestra vista.

Gracias porque podemos llorar de ternura.
Amén.
San Camilo, ruega por nosotros.

LOS POSTRES

Padre bueno, gracias por la vida, y gracias por los postres.

Gracias por los alimentos con los que terminamos nuestras comidas, que buscamos sean agradables a nuestro paladar, con los que damos aires festivos y estéticos a nuestros ritos de comer y compartir.

Gracias por las frutas tan bellas y agradables, los dulces tan estéticamente presentados y artísticamente elaborados para provocar el deleite y el gusto de comer agradablemente.

Gracias por los postres que vivimos como añadidos, complementos, con los que cuidamos nuestro estar juntos. Gracias por las personas que, en ocasiones, se viven como postres en un conjunto de actividades o en procesos en los que no son protagonistas, y así cultivan su humildad y prestan su servicio.

Gracias por los ritos de cierre, los que nos ayudan a despedirnos, los que nos posibilitan bendecirnos y embellecer el final y sentirnos enviados personal y comunitariamente a hacer vida aquello que celebramos.

Gracias por los postres.
Amén.
San Camilo, ruega por nosotros.

LAS FLORES DEL ALMENDRO

Padre bueno, gracias por la vida, y gracias por las flores del almendro.

Nos sorprenden con su aparición temprana, antes de la primavera. Nos anuncian con belleza y anticipación la primavera generosa, vitalista, embellecedora de la naturaleza; nos estimulan a la esperanza y a la confianza en el sentido, a pesar del invierno que parece, en ocasiones, describir nuestra vida.

Gracias por las flores fugaces, las flores que nos hablan de temporada. Nos revelan también nuestra condición frágil, nuestro estar de paso por la vida, que, cuando nos damos cuenta, ya se ha esfumado.

Deseamos aprovechar con intensidad lo transitorio, lo fugaz, lo efímero, nuestra cotidianidad. Nos comprometemos con el instante fugaz de la cotidianidad, para cargarla de sentido por el camino de la compasión y del amor que humaniza.

***

Gracias por las flores fugaces.
Amén.
San Camilo, ruega por nosotros.

LA TERNURA FILIAL

Padre bueno, gracias por la vida, y gracias por la ternura filial.

Gracias por la consideración respetuosa y entrañable que logran los hijos para con sus padres. Gracias por la ternura de ida y vuelta en la infancia, pero gracias también por la ternura sostenida en el desarrollo vital, a pesar del deseo de autoafirmación adolescente.

Gracias por la ternura expresada por los jóvenes para con sus padres, en clave de respeto y de cuidado, de consideración a su experiencia, a su responsabilidad, y como observancia de los límites marcados.

Gracias por la ternura de los adultos para con los padres mayores, particularmente enfermos y ancianos, necesitados del cuidado y de la comprensión de la dependencia y el deterioro —en ocasiones cognitivo—.

Gracias por el respeto sagrado de los hijos a los padres, que nunca justifica el desprecio y la violencia, sino que encuentra modos de cuidado adecuado a cada momento.

Gracias por la ternura filial.
Amén.
San Camilo, ruega por nosotros.

LOS ALFAREROS

Padre bueno, gracias por la vida, y gracias por los alfareros.

Gracias por los artistas de hacer vasijas y objetos de barro cocido, los habilidosos moldeadores del barro que, con sus manos y el movimiento, trabajan la fragilidad y la modelan creando elementos útiles, bellos, necesarios.

Gracias por los ceramistas que tornean y dan forma al barro, lo tocan y juegan con él para llenar nuestras casas de elementos tan importantes en la cocina, en el comedor, así como en el embellecimiento de espacios que deseamos humanizar.

Gracias por el arte con el que tú, Padre bueno, nos has moldeado a cada uno con nuestra identidad, personalidad, embelleciendo así el mundo con nuestra persona. Somos también frágiles, pero estamos llamados a ser bellos para nuestro alrededor.

Gracias por los alfareros.
Amén.
San Camilo, ruega por nosotros.

EL DESCANSO VACACIONAL

Padre bueno, gracias por la vida, y gracias por el descanso vacacional.

Gracias porque nos regalas en la vida la posibilidad de trabajar y contribuir a la creación y a la vida en la que nos cuidamos, producimos y vivimos con sentido.

Pero gracias también porque nos regalas el descanso vacacional, que nos permite conjugar verbos distintos de *producir* y *trabajar*. Viajamos, contactamos más con la naturaleza, leemos, contemplamos el arte y sus bellezas, nos regocijamos en las relaciones, cultivamos la amistad, exploramos nuevos lugares, disfrutamos de la diversidad natural y paisajística…

Gracias, Padre bueno, porque nos propusiste el descanso como parte vital, como cocreadores que somos del mundo, cuidadores del que tú has creado.

Gracias porque, al descansar, te encontramos con facilidad, te invocamos, cuidamos la dimensión comunitaria de celebración de tu presencia y nos reconocemos solidarios.

Gracias por el descanso vacacional.
Amén.
San Camilo, ruega por nosotros.

LOS AYUNTAMIENTOS

Padre bueno, gracias por la vida, y gracias por los ayuntamientos.

Gracias por las personas que gobiernan los pueblos y ciudades, elegidas por el pueblo para cuidar lo común, para atender a los más débiles, para procurar servicios básicos a la vida en sociedad, para velar por la protección y el orden, el respeto y la armonía, la libre deambulación y desarrollo de actividades sociales, culturales...

Gracias por los ayuntamientos que sienten su responsabilidad de velar realmente por el interés de todos, practicando la justicia, humanizando los entornos, haciéndolos bellos y dignos de nuestra condición, funcionales y compasivos para con las personas con limitaciones o diferencias.

Gracias por los ayuntamientos que respetan la identidad cultural de los ciudadanos, que contribuyen a humanizarla innovando con tecnología y liberándonos de tradiciones menos respetuosas para con el medio, el mundo animal y las personas.

Gracias por los ayuntamientos.
Amén.
San Camilo, ruega por nosotros.

EL LIBRO DE JOB

Padre bueno, gracias por la vida, y gracias por el libro de Job.

Gracias por este libro de unos cuantos siglos antes de Cristo, que nos presenta tan bellamente la situación del ser humano cuando sufre por el impacto de las pérdidas en la vida.

Gracias por el libro de Job, que nos muestra cómo no hemos de intentar consolar al que sufre con frases hechas, esquemas explicativos, tendencia a moralizar o razonar sobre el mal.

Gracias por el libro de Job, que es bello literariamente, que nos recuerda la bondad de la naturaleza, a la que hemos de mirar para comprender también la condición humana limitada.

Gracias por el libro de Job, que nos ayuda a desmontar todas las explicaciones racionales en torno al sufrimiento y a abrirnos al encuentro con el creador y el misterio de la creación, cultivando la relación íntima contigo, en medio del malestar y del sufrir.

Gracias por la sabiduría del libro de Job, que nos exhorta a escuchar al que sufre, a escuchar cuando sufrimos, a apoyarnos con la presencia y la solicitud en medio del dolor.

Gracias por la sabiduría del libro de Job.
Amén.
San Camilo, ruega por nosotros.

EL PERDÓN A NOSOTROS MISMOS

Padre bueno, gracias por la vida, y gracias por el perdón a nosotros mismos.

Gracias porque podemos perdonarnos no solo entre nosotros, sino también a nosotros mismos, siendo entrañablemente misericordiosos en nuestra consideración cuando hemos errado, cuando hemos hecho el mal.

Gracias porque podemos mirarnos con ternura, sin castigarnos inútilmente, sin dinámicas culpógenas que generan amargura sin conversión, castigo sin reparación, malestar sin cambio.

Deseamos cuidar nuestra mirada a nosotros mismos, con la ternura de quien perdona, de quien acepta el mal cometido, lo reconoce, se propone no volver a cometerlo, se disculpa, repara comprometidamente y emprende una vida renovada.

Gracias porque nos podemos perdonar a nosotros mismos con responsabilidad y arrepentido compromiso con un modo nuevo de actuar en sintonía con los valores que humanizan.

Gracias por el perdón a nosotros mismos.
Amén.
San Camilo, ruega por nosotros.

LAS PRIMICIAS

Padre bueno, gracias por la vida, y gracias por las primicias.

Gracias por los primeros resultados, los primeros frutos, las primeras pruebas, las primeras entregas, que anuncian novedad.

Gracias por Jesús, que nos conectó sanamente contigo, nos abrió definitivamente a la trascendencia y nos enseñó a vivir una compasión sin igual.

Gracias por las primicias que podemos ser para los demás, mostrándonos como novedad de formas de relación, de perdón, de cuidado, que inauguren siempre mundos nuevos, mejores, más virtuosos y dignos.

Gracias por las primicias del consuelo, las primicias de la esperanza, las primicias de la naturaleza, las primicias de lo nuevo que innova y humaniza.

Gracias por las primicias.
Amén.
San Camilo, ruega por nosotros.

LA CLARA MAÑANA

Padre bueno, gracias por la vida, y gracias por la clara mañana.

Gracias por la clara mañana que nos prepara el día, abandonada la noche. Vemos en la luz que nos regalas, apreciamos formas e identificamos lugares, naturaleza y seres humanos a la luz.

Gracias por la clara mañana, que nos prepara para el encuentro, para el servicio, para la novedad de la vida regalada.

Gracias por la clara mañana, que nos anuncia confianza y nos da esperanza.

Gracias por la clara mañana, que nos da transparencia y propone la verdad como referencia, la realidad que no miente, la referencia de los hechos, las cosas y las personas en su ser.

Gracias por el alba, que nos invade con su luz y nos propone la verdad también en el interior, en las relaciones, como clave para integrar las sombras y caminar de veras, con la realidad y su autoridad.

Gracias por la clara mañana.
Amén.
San Camilo, ruega por nosotros.

LA SENCILLEZ INOCENTE

Padre bueno, gracias por la vida, y gracias por la sencillez inocente.

La sencillez inocente nos deja limpios de maldad y culpa, y la tenemos cuando somos pequeños, y la conservamos cuando nos convertimos al bien, a la purificación de las motivaciones, a la bondad y rectitud de las intenciones.

Te damos gracias porque nos vuelves capaces de conservar la sencillez inocente y de buscarla reparando tras la culpa, pidiendo perdón tras el daño, reconstruyendo los tejidos relacionales que se deterioran con el mal que somos capaces de hacer con pensamientos, palabras, obras y omisiones.

Gracias por la sencillez inocente que nos exculpa cuando no hacemos daño al prójimo, ni a nosotros mismos, porque cuidamos los valores que orientan nuestro ser y nuestro hacer.

Gracias por la sencillez inocente.
Amén.
San Camilo, ruega por nosotros.

LA ADULTEZ ESPIRITUAL

Padre bueno, gracias por la vida, y gracias por la adultez espiritual.

Gracias porque podemos crecer espiritualmente, superando el infantilismo y la adolescencia espiritual.

Gracias porque podemos superar la tendencia a echar la culpa a los demás de lo que no nos gusta.

Gracias porque podemos vivir en paz con los límites, podemos perdonar tras el mal, podemos aceptar la limitación de la creación y de la naturaleza humana.

Gracias porque superamos el silencio con el que castigamos a aquellos con los que tuvimos conflictos.

Gracias porque tendemos puentes con el diálogo, con la palabra bondadosa y dignificadora, la que restaura la paz y nos abre al encuentro.

Gracias porque perdonar nos hace ricos y adultos, capaces de invertir en dignidad y bienestar, en felicidad y vida buena.

Gracias por la adultez espiritual.
Amén.
San Camilo, ruega por nosotros.

LAS ENTRAÑAS

Padre bueno, gracias por la vida, y gracias por las entrañas.

Gracias porque nos has creado capaces de interioridad blanda, de estremecimiento, de asombro del corazón.

Gracias porque, escuchando nuestras entrañas, descubrimos ternura eficaz, movimiento compasivo y misericordioso ante la indigencia de los demás, ante la necesidad de cuidados.

Gracias por la bondad de las entrañas que nos entretejieron con la lentitud del proceso de la hospitalidad y la apertura paciente a lo nuevo.

Gracias por las entrañas con las que nos expresamos humanamente cuando nos atendemos en la fragilidad, en la enfermedad, en el morir, en el duelo.

Gracias por las entrañas de las que nacen proyectos de humanización en salud.

———

Gracias por las entrañas.
Amén.
San Camilo, ruega por nosotros.

LO ANTIGUO

Padre bueno, gracias por la vida, y gracias por lo antiguo.

Gracias por lo que tiene tiempo y persiste y nos evoca el pasado y el menor desarrollo tecnológico, y la menor dosis de complejidad en la elaboración y en la relación.

Gracias por lo antiguo que persiste como algo decorativo, algo evocador, algo entrañable y que dignifica la historia pasada.

Gracias por lo antiguo que nos puede aumentar la conciencia del cambio, el deber de acoger agradecidamente lo que hemos recibido, el poder de la memoria.

Gracias por lo antiguo que le da sentido a la superación y valor relativo al cambio, esperando un futuro en el que el presente será antiguo.

Gracias por lo que se mantiene porque, siendo antiguo, es valioso y duradero y pertenece al gobierno del corazón, al recuerdo de la memoria agradecida.

———◆———

Gracias por lo antiguo.
Amén.
San Camilo, ruega por nosotros.

PODEMOS GLORIFICAR

Padre bueno, gracias por la vida, y gracias porque podemos glorificar.

Gracias porque podemos reconocer y ensalzar lo que es digno, lo que es bueno y honroso.

Gracias porque podemos elevar, enaltecer, exaltar las bondades de algunas personas, realzarlas y engrandecerlas con palabras y símbolos.

Gracias porque podemos ennoblecer y honrar dando prestigio a referentes que merecen ser reconocidos.

Gracias porque podemos darte gloria a ti, Padre bueno, y eso nos hace bien, reconociendo a tu Hijo, Jesús, y la presencia de tu Espíritu consolador.

Gracias porque podemos glorificarte y honrarte en el servicio a las personas más humildes y necesitadas.

Gracias porque podemos glorificar.
Amén.
San Camilo, ruega por nosotros.

Cerrando el libro

Doy gracias a Dios por haber escrito estas páginas y por quien las está leyendo en este momento. Me ha hecho bien expresar mi agradecimiento, mi reconocimiento, mi asombro por tantas cosas sencillas que me son regaladas.

Al agradecer, me he fijado en lo bueno, en el bien, en lo recibido, en lo gratuito, en lo que me viene dado de otros o como cualidad para cuidar. ¡Qué bueno es mirar en positivo, expresar esta admiración y disfrutar más de lo que hay!

¡Claro, también hay sufrimiento, mal, daño, carencia, pérdida! Por estas realidades, me cuesta expresar el agradecimiento. Me surge más la oración de expresión del deseo de bienestar, de superación, de integración. Y me sorprende la indicación de Jesús de no quitar la cizaña (Mt 13,24), como si los ingredientes que experimento como negativos tuvieran que ser también incluso agradecidos, como parte de una realidad, en su conjunto, buena.

Toda acción de gracias de estas páginas es, antes que nada, acción de gracias por la vida. Esta es el sustrato de todos los demás bienes, valores, cosas... de las que disfrutamos cotidiana o puntualmente. Por eso le atribuimos un valor permanente a la vida, como condición de posibilidad de todo bien. Por eso consideramos que hemos de cuidarla, además de vivirla responsablemente y disfrutarla, aliviando todo lo que lo impide.

Gracias, Padre bueno, por todo lo que nos regalas y por esta misma posibilidad de vivir agradecido. Amén.